HEYNE

Über die Autorin:
Manuela Wedel, Jahrgang 1980, ist in der Oberpfalz geboren und aufgewachsen. Die gelernte Floristin kam 2003 über Umwege zur Berufsfeuerwehr und ist eine der wenigen Berufs-Feuerwehrfrauen in Deutschland. Manuela Wedel arbeitet als Brandinspektorin auf der Feuerwache 1 in München und ist Regionalvertreterin der Feuerwehrfrauen in Bayern.

Manuela Wedel

Mit Shirley Michaela Seul

WO BRENNT'S DENN?

Vom Großbrand in der U-Bahn bis zur Schlange im Klo

Die unglaublichsten Einsätze einer Feuerwehrfrau

WILHELM HEYNE VERLAG
MÜNCHEN

MIX
Papier aus verantwortungsvollen Quellen
FSC® C014496

Verlagsgruppe Random House FSC® N001967
Das für dieses Buch verwendete
FSC®-zertifizierte Papier *Holmen Book Cream*
liefert Holmen Paper, Hallstavik, Schweden.

Originalausgabe 06/2013

Printed in Germany 2013
Umschlaggestaltung: Hauptmann & Kompanie, Zürich
Umschlagfoto außen: Kay Blaschke, München
Umschlagfotos innen: © Berufsfeuerwehr München
Satz: Buch-Werkstatt GmbH, Bad Aibling
Druck und Bindung: GGP Media GmbH, Pößneck

ISBN: 978-3-453-60267-0

Meinen Kolleginnen und Kollegen
von der Feuerwehr gewidmet.

Inhalt

Prinzessin, Floristin, Feuerwehrfrau

Rote Autos mit Blaulicht. Laut. Sie kommen, wenn's brennt. So viel zu meiner frühkindlichen Faszination für die Feuerwehr. Die gab es schlichtweg nicht.

Jungs schwärmen für die Feuerwehr, Mädchen wollen lieber Prinzessin werden. Das überlegte ich mir auch gelegentlich. Ohne darüber nachzudenken, dass der Prinzessin eine palasteigene Feuerwehr zur Verfügung stünde. Astronautin hätte mir auch gefallen. Und Tierärztin sowieso.

Später kam alles ganz anders. Als ich im letzten Schuljahr nicht so genau wusste, was ich einmal werden wollte, meinte meine Mutter: »Floristin würde dir bestimmt gut gefallen. Du bist kreativ und bastelst gern.«

Kreativität und Basteln ist auch bei der Feuerwehr wichtig. Es gibt keine Patentlösungen. Jede Situation ist anders. Man muss oft ausprobieren, improvisieren. Weiß vorher nie, was einen erwartet. Eine schwer verletzte Frau liegt im Keller. Die Treppe ist eingestürzt. Wie kommen wir runter, um sie nach oben zu bringen? Und wie kriegen wir den Kochtopf runter vom Kopf des kleinen Jungen, der diesen lustigen Hut nur mal ausprobieren wollte und nun schmerzhaft feststeckt? Auch der große Junge steckt fest, beziehungsweise ein gewisses seiner Körperteile. Was die Lust steigern sollte, führt zum Frust und schließlich zur Feuerwehr. Selbst als Geisterfänger wurden wir schon gerufen. »Da ächzt und stöhnt es aus der Mauer! Unheimlich! Gruselig!« Der Mann, der in den Kamin gefallen war, wäre einfach verschwunden gewesen. Für immer. Vom Kamin verschluckt und weg. Die Feuerwehr glaubte jedoch nicht an Geister und rettete ihn, wie so viele andere Menschen in Lebensgefahr. Im Einsatz lernt man: Es gibt nichts, was es nicht gibt. Da macht eine junge Mutter, die ihr kleines Kind auf die Toilette setzen will, den Deckel auf, und es ringelt sich eine dicke, braungraue, meterlange Schlange im Klo. Wir retteten die Boa Constrictor zwar, konnten den Besitzer aber nicht ermitteln, der die gefährliche Würgeschlange in dem Hochhaus in die Kanalisation gespült hatte. Im Frühling fangen wir Bienen, im Sommer fischen wir nach übermütigen Nichtschwimmern, später trotzen wir Herbststürmen und retten zu groß gewachsene Eiszapfen von Dächern. Hin und wieder, aber seltener, als allgemein vermutet, haben wir mit Feuer zu tun, und zwar in allen Erscheinungsformen. Vom rauchenden Papierkorb bis zum Großbrand, vom versteckten Schwelbrand zum ausgedehnten Dachstuhlbrand, gefährlich anmutendem weißen Pulver auf dem Gehsteig, Gefahrguteinsatz und Gasgeruch bis Verwesungsgeruch. Nachbarn haben die alte Dame schon länger nicht mehr gesehen. Auf einmal riecht es komisch aus der Wohnung. Vielleicht sollte mal jemand nachschauen?

Viele Menschen können sich nicht mehr bemerkbar machen. Hier kommt es darauf an, dass andere für sie handeln, dass Mitbürger die Feuerwehr verständigen. Der Notruf landet in der Leitstelle, und dort bekommt der Anrufer die Anweisung: »Die Feuerwehr ist schon unterwegs. Stellen Sie sich auf die Straße und machen Sie sich bemerkbar, damit wir Sie schnell finden.«

Heute benötigt jeder Berufsfeuerwehrler zusätzlich eine 520 Stunden umfassende Ausbildung zum Rettungssanitäter. Manche meiner Kollegen haben zudem eine Ausbildung als Rettungsassistent, sie dauert zwei Jahre, und ich habe sie noch vor der Feuerwehr absolviert: Die Rettungsassistentin war nach der Floristin also bereits meine zweite Berufsausbildung … doch dann wollte ich trotzdem noch mal was draufsatteln.

Der Entschluss fiel in einer stürmischen Herbstnacht im Jahr 2001. Wir hatten einen »Autounfall verarztet« und brachten den Verletzten ins Krankenhaus. Vorne der Fahrer, hinten der Notarzt und ich.

»Du musst weitermachen, Mädel«, sagte der Arzt zu mir. »In dir steckt beruflich mehr als die Rettungsassistentin. Dich schockt nix. Du weißt dir zu helfen. Und du hast die richtige Einstellung zum Leben – und zum Sterben. Studier was. Oder bewirb dich beim Rettungshubschrauber!«

»Ich denk mal drüber nach«, sagte ich.

Den Floh mit der Feuerwehr setzte mir ein Kollege beim Roten Kreuz ins Ohr. »Bei der Feuerwehr würde es dir gefallen«, meinte Ralph.

»Du kommst vom Bauernhof, kannst hinlangen, brauchst keine Extrawurst.«

Mittlerweile wusste ich, dass hinter der Feuerwehr mehr steckt, als ich mir früher darunter vorgestellt habe: rote Autos mit Blaulicht drauf. Das allein reizte mich nämlich nicht, Blaulicht und Martinshorn hatten wir im Sanka ja auch. Bei vielen meiner Einsätze als Rettungsassistentin kam die Feuerwehr dazu. Vor allem Männer. Meistens jung, meistens nett, meistens sehr kompetent. Feuerwehrler ist ein Beruf zwischen Extremen. Die Feuerwehr rückt aus, wenn andere nicht mehr weiterwissen. Oder wenn gerade kein anderer da ist, der die Arbeit machen kann. Die Feuerwehr rettet Leben, ist aber auch oft mit dem Tod konfrontiert. Damit war ich als Rettungsassistentin ebenfalls vertraut.

So stand mein Entschluss fest, und ich bin dabei geblieben:

Seit zehn Jahren bin ich nun schon Berufsfeuerwehrfrau. Um so weit zu kommen, musste ich ich jedoch 2003 erst mal einen anspruchsvollen Einstellungstest bestehen, bei dem von 259 zur Prüfung zugelassenen Bewerbern nur 30 vorerst auf Probe übernommen wurden. Mein erster Titel lautete Berufsfeuerwehranwärterin, danach wurde ich zur Brandmeisterin und Oberbrandmeisterin. Was ich noch nicht als Endstation betrachtete. Derzeit bin ich als Brandinspektorin tätig. Somit kann ich Ihnen einen guten Einblick in verschiedene Bereiche der Feuerwehr geben. Als Brandinspektorin sitze ich seit 2011 bei Einsätzen mit dem HLF als Gruppenführerin auf dem Beifahrersitz, der Position der Verantwortlichen, die ihre Mannschaft einteilt.

Meinen Entschluss, ein für alle mal auf die Prinzessin zu verzichten, habe ich nie bereut. Feuerwehrfrau ist ein spannender und abwechslungsreicher Beruf. Ich weiß nie, was ein Tag bringen wird. Alles oder nichts – und das 24 Stunden am Stück.

Feuerwehr bedeutet Schichtdienst. Bei uns in München an der Feuerwache 1 sieht er folgendermaßen aus:

24 Stunden Dienst
24 Stunden frei
24 Stunden Dienst
24 Stunden frei
24 Sunden Dienst
4 Tage frei

Und dann beginnt das Spiel von vorne. Egal, ob man Geburtstag hat, ob gerade Weihnachten ist oder Ostern. Dienst ist Dienst. Der Vorteil: Man hat viel frei, wenn andere arbeiten, und man weiß lange im Voraus, wann man frei hat. Anderswo gibt es Schichtdienste, da werden die Pläne monatlich bekannt gegeben. Ich weiß heute schon, ob ich an Silvester im nächsten Jahr frei habe. 24 Stunden Dienst entsprechen einem Wachtag. Er beginnt um 7 Uhr und endet um 7 Uhr. Die vier freien Tage am Stück werden Freischicht genannt – ein verlängertes Wochenende im Rhythmus von neun Tagen. Dieses verlängerte Wochenende fällt nicht immer auf einen Samstag und Sonntag. Der große Nachteil im Schichtdienst: Man muss arbeiten, wenn andere frei haben, und auf manche Geselligkeit verzichten.

Oft werde ich gefragt, wie ich einen Wachtag durchhalte. Aber Dienst heißt ja nicht, dass Alarm auf Alarm folgt. Wenn man ganz großes Glück oder Pech hat und auf einer Wache am Stadtrand Dienst tut, kann es schon mal vorkommen, dass es in 24 Stunden keinen einzigen Einsatz gibt. Glück ist so was für erfahrene Feuerwehrler, die schon lange dabei sind und alles schon mal erlebt haben; Pech ist es für junge Kollegen, die darauf brennen, vollen Einsatz zu bringen.

Auf der Hauptfeuerwache, meinem Arbeitsplatz in der Münchner Innenstadt, gibt es kaum einen Wachtag ohne Einsatz. Schon wenn es auffällig wenige sind, fühlt es sich nicht gut an. Im Dienst bin ich immer ein bisschen alarmiert. Auch nachts. Wir haben zwar Ruheräume mit Betten, doch so richtig entspannt schläft während der Bereitschaft niemand. Man ist stets mit einem Ohr und einem Auge wach. Im Gegensatz zu meinen Kollegen, die sich ihre Ruheräume teilen – früher gab es große Schlafsäle mit bis zu 14 Betten –, genieße ich den Luxus eines Einzelzimmers. Selten ist ein zweites der vier Betten im Damen-Ruheraum belegt. Und selten vergeht eine Nacht ohne …

Alarm!

Irgendjemand hat den Notruf gewählt. Vielleicht gleich die 112 für Feuer und Rettungsdienst oder die 110 für Polizei, und die Leitstelle der Polizei hat den Einsatz an die Feuerwehr weitergegeben. Nicht auf jeden Anruf folgt ein Einsatz. Pro Jahr erreichen die integrierte Leitstelle – Feuerwehr und Rettungsdienst – allein in München rund eine Million Anrufe. Das sind pro Tag durchschnittlich 2500. Die Aufgaben der Feuerwehr sind vielschichtig, besonders in München, weil wir hier auch den Notarztdienst stellen. Die bekannten Hilfsdienste wie Johanniter, Rotes Kreuz, ASB, Malteser und die privaten Rettungsdienste fahren in München die Notfallrettung, das sind Einsätze ohne Notarzt. Der Notarzt kommt in München stets von einer Klinik und im Feuerwehrauto, mit einem Fahrer von der Feuerwehr. Auch den Kindernotarzt und Neugeborenennotarzt stellt in München die Feuerwehr.

Es brennt nicht immer, wenn die Feuerwehr ausrückt, aber immer ist es brandeilig, zumindest für die Beteiligten, die den Notruf gewählt haben. Sobald die Leitstelle einen Einsatz an die Feuerwehr disponiert, ertönt bei uns der Alarm. *Licht-Gong-Straße* lautet die Reihenfolge: Zuerst geht im ganzen Gebäude das Licht an. Gleich darauf folgt der Alarmgong mit der Durchsage, zum Beispiel: »Lindwurmstraße 14, Feuerwache 1, der Inspektionsdienst, der Zug, Feuerwache 3 der Halbzug, Feuerwache 4 das zweite HLF, Zimmerbrand, Personen eingeschlossen.«

Das bedeutet, dass sich viele Blaulichter auf den Weg machen, nämlich: der Führungsdienst der Feuerwache 1 in einem Auto, der komplette Löschzug der Feuerwache 1 mit 19 Feuerwehrlern und fünf Fahrzeugen und die halbe Besetzung der Feuerwache 3, ergänzt durch die Feuerwache 4 als zweiter Löschzug.

Jeder Feuerwehrler besetzt innerhalb einer Schicht eine bestimmte Funktion. Können muss er auf seiner jeweiligen Kompetenzstufe alles. Wer auf dem Löschzug sitzt, kann zum Angriffstrupp oder zum Unterstützungstrupp gehören, ist Rettungssanitäter, Maschinist – so nennen wir unsere Fahrer, die auch die Feuerlöschkreiselpumpe, die Stromerzeugung und die Aggregate bedienen –, Gruppenführer, Führungsassistent oder Zugführer. Während man die Freizeit schon lange im Voraus planen kann, durch den regelmäßigen Rhythmus im Schichtdienst, ändert sich die jeweilige Aufgabe von Wachtag zu Wachtag. Welche Position ich in der nächsten Schicht besetzen werde, erfahre ich normalerweise am Wachtag vorher, aber es kann auch kurzfristige Änderungen geben. Es ist ein komisches Gefühl, wenn ich mich darauf eingestellt habe, dass ich morgen das erste HLF fahre, und dann werde ich doch im Notarztwagen eingesetzt.

Die Eier legende Wollmilchsau

Wer Feuerwehr sagt, denkt oft an große rote Autos und hat damit meistens ein HLF vor Augen. Das HLF hört sich gesprochen »Ha-elf« an und steht für »Hilfeleistungslöschfahrzeug«. Unter diesem Wortungetüm verbirgt sich die Eier legende Wollmilchsau unter den Feuerwehrautos. An Bord befindet sich das passende Werkzeug für jeden Einsatz, ob mit oder ohne Personenschaden. Daneben führen wir 1600 Liter Wasser mit, 200 Liter Schaummittel, sehr viel Schlauch, und wir können eigenen Strom erzeugen. Auch Verkehrssicherungsmaterial, eine Kettensäge, den hydraulischen Rettungssatz sowie Rettungsschere und Spreizer haben wir dabei, außerdem Atemschutzgeräte und eine umfangreiche medizinische Versorgung vom Defibrillator, mit dem wir reanimieren, bis hin zum Verbandsmaterial. So sind wir für den Ersteinsatz perfekt gerüstet. Wenn wir darüber hinaus spezielles Gerät brauchen, fordern wir das an.

Das HLF ist unser Herzstück. Auf der Hauptfeuerwache haben wir zwei solcher Fahrzeuge im Einsatz. Sie sind Teil des Löschzuges, der in München aus fünf Fahrzeugen besteht. Angeführt wird der Zug vom Einsatzleitfahrzeug, dem ELW. Wie bei einer richtigen Eisenbahn ist dort der Zugführer zu finden. Dann folgen die beiden HLF sowie die Drehleiter, der der Platz in der Mitte gebührt. Das Schlusslicht im Zug bildet der Rettungswagen.

Die Drehleiter ist neben dem HLF unser zweites Herzstück im Löschzug. Der Feuerwehrfachbegriff lautet Hubrettungsfahrzeug und verrät, dass ihr die Hauptaufgabe der Menschenrettung aus Höhen und Tiefen zugedacht ist. Die Drehleiter ist auf 30 Meter ausfahrbar, an ihrem Ende befindet sich ein Korb, der für drei Personen à 90 Kilogramm ausgelegt ist. Mit der Leiter können wir von oben löschen, jemanden aus dem Fenster retten, auch mit einer Krankentrage. Parkplätze und Gehsteigbreiten werden so geplant, dass die Drehleiter der Feuerwehr problemlos manövriert werden kann. Einige Menschen beschweren sich in Deutschland über zu viele Vorschriften. Wer einmal dringend die Feuerwehr braucht, wird froh über einige sein. Auch Brandschutztüren und Brandmeldeanlagen retten Leben. Solche Paragrafen sind keine Schikanen, sondern für den Notfall optimal umgesetzte Erfahrungswerte. Aber wer denkt beim Parken auf dem Gehsteig schon daran, dass er damit die Rettung eines in seiner Wohnung eingeschlossenen Menschen verzögern oder gar verhindern könnte? Niemand – sonst würde es nicht so viele Gehsteigparker geben! Natürlich räumt die Polizei im Auftrag der Feuerwehr eine solche Blockade oft aus dem Weg. Aber bei einem Feuer zählt jede Sekunde, und gedankenloses Parken kann Menschenleben kosten.

Manchmal können die Menschen allerdings nichts für Blockaden – auch Schnee behindert die Arbeit der Feuerwehr. Doch er wird noch eine Weile auf sich warten lassen. Jetzt starten wir zuerst einmal in den Frühling. Auf den folgenden Seiten begleiten Sie mich bei vier Schichten in verschiedenen Funktionen. Weil jede Jahreszeit andere typische Einsätze mit sich bringt, werden wir je eine Schicht in einer der vier Jahreszeiten fahren. Helm auf und los geht's!

Ein Wachtag im April

6:43 Uhr. Ich fahre durch die schmale Toreinfahrt der Hauptfeuerwache München auf den Parkplatz. Diese Wache gibt es seit über hundert Jahren. Noch viel früher stand an dieser Stelle das *Haus der gemeinen Dochterlein* – das städtische Freudenhaus. Hier sorgte ein sogenannter Frauenmeister oder Frauenwirt für Ordnung. Er war »kein selbsternannter Zuhälter, sondern ein öffentlich Bediensteter, der einen Diensteid ablegen und sich verpflichten musste, die Dirnen und das Haus ordentlich zu versorgen, Recht und Ordnung aufrechtzuerhalten und der Stadt einen Zins abzugeben, seit 1450 60 Pfennig jede Woche. Er selbst bekam von jeder Dirne pro Kunde 2 Pfennig, musste dafür aber Wohnung und Verpflegung stellen. Außerdem musste er sich um standesgemäße Kleidung und Gesundheit der Prostituierten kümmern.« (*München. Die Geschichte der Stadt,* Süddeutsche Zeitung Edition, München 2008)

Als ich in diesem Buch über die Stadtgeschichte Münchens von der Vergangenheit meines Arbeitsplatzes las, musste ich schmunzeln. Ein bisschen etwas von jener Zucht und Ordnung ist bis heute geblieben. Bei der Berufsfeuerwehr geht es sehr geregelt zu. Wir sind Beamte, und für alles gibt es Vorschriften – ob das den Turnus der Überprüfung der Löschgeräte, der Leitern, des technischen Gerätes wie Stromerzeuger oder Rettungsschere, die medizinische Ausrüstung oder die Mülltrennung betrifft. Davon abgesehen, ist es natürlich sehr atmosphärisch, in diesem alten Gemäuer Dienst zu tun. In unserer Fahrzeughalle standen seinerzeit Kutschen und Pferde. Wer bei uns heute Fahrzeugmeister und Maschinist heißt, war damals Wagner, Kutscher und Hufschmied. Meine Vorgänger zeigten sich überaus erfindungsreich. So entwickelten sie Schnelleinspannvorrichtungen, mit deren Hilfe sie in zwei, drei Minuten mit ihren Pferdekutschen ausrücken konnten. Das ist eine ziemlich gute Zeit, meine ich. Mir gefällt es, in einem so historischen Gebäude Dienst zu tun, auch wenn es recht verwinkelt und zum Teil unpraktisch ist. Dafür liegt es mitten drin, im Herzen der Stadt.

Während ich mein Auto parke, winke ich mehreren Kollegen zu, die ihre Schicht hinter sich haben und nun nach Hause fahren. Um 7 Uhr ist bei uns auf der Wache Ablösung. Die Luft ist frisch, es verspricht ein sonniger Tag zu werden. Seit ein paar Wochen schon begrüßt mich Vogelgezwitscher im großen Innenhof. Bald werden die Jungen schlüpfen, hoffentlich fallen sie nicht aus dem Nest. Auch die Jungvogelrettung gehört zu unseren Aufgaben, gelegentlich fangen wir Enten, Schwäne oder auch Tauben ein. Einmal retteten wir sogar einen jungen Turmfalken, der beim ersten Flugversuch die Notbremse gezogen hatte und auf dem Straßenpflaster gelandet war. Von dort kam er nicht mehr weg. Wir gaben ihm eine Starthilfe, ohne Kabel. Beherztes Zugreifen und In-die-Luft-Werfen genügte.

»Gottseidank bist da, war a Scheißnacht!« Huber 43, den ich in der Fahrzeughalle treffe, sieht nicht gut aus. Huber 43 ist zwar erst 32, doch da er bei der Münchner Feuerwehr der 43. Huber ist, wird er so genannt.

»Ich seh's«, sage ich.

»Freitagnacht, Partygänger, Discovolk, drei Feuermelder, First Responder, und heute früh hatten wir eine Person unter.«

»Oh je!« Person unter mag keiner bei der Feuerwehr – jemanden retten, der unter einen Zug geraten ist. Außer er hat es noch nie gesehen. Aber eigentlich ist nach dem ersten Mal jeder geheilt von der Vorstellung, das sei nicht so schlimm. Ich kann jedenfalls verstehen, dass Huber 43 sich auf sein Dienstende freut.

»Gute Nacht«, wünsche ich ihm.

»Bis morgen«, nickt er. Am nächsten Morgen werden wir den gleichen Auftritt mit vertauschten Rollen spielen. Er wird mich frisch erholt ablösen. Ich hoffe mal, dass meine Schicht ruhiger verläuft, aber nicht zu ruhig. Ich bin nun schon seit sieben Jahren bei der Feuerwehr und obendrein Oberbrandmeisterin. Ich brauche kein Abenteuer mehr im Dienst. Und schon gar keinen Schienenunfall.

Wenn man vor die U-Bahn, S-Bahn oder einen Zug fällt, egal ob freiwillig oder nicht, ist die Wahrscheinlichkeit zu überleben sehr gering. Meistens sind die Verunfallten auf der Stelle tot, dazu oft in einem entsetzlichen Zustand: Selten am Stück, sind sie zumeist meterweit verteilt, beim ICE auch kilometerweit. Ich kenne keinen Kollegen, der so einen Einsatz gerne macht. Wenn wir am Unfallort eintreffen, sind die Fahrgäste in der Regel ausgestiegen, der Bahnsteig von der U-Bahn-Wache abgesperrt, die Polizei bereits anwesend. Für uns geht es erst einmal darum: Wo ist der Verunfallte? Lebt er noch? Wir erkundigen uns, ob der Strom abgeschaltet wurde, Eigenschutz ist die erste Maßnahme. Dann kriechen wir unter den Zug. Da ist nicht viel Platz. Es ist eng. Überall liegt Müll. Es ist dunkel. In der Schutzkleidung fällt das Kriechen schwer, es ist heiß unter dem Helm, in den Sicherheitsschuhen, Handschuhen und der dicken Jacke. Das Gesichtsfeld unter dem Helm ist eingeschränkt, das Visier beschlägt. Kollegen geben die Richtung an. Noch ein Stück vor … Oft merken wir erst danach, dass da was war, dass wir bereits an ein paar menschlichen Teilen vorbeigekommen sind.

Schlimmer als ein Splattermovie

Ich hatte das Glück … oder Pech, dass einige meiner Schienenverunfallten noch lebten. Ich erinnere mich gut an den ersten, ich glaube, es war im Jahr 2004, an einem strahlenden Samstagmorgen im Frühling. Ich erreichte ihn gegen 5:30 Uhr. Der junge Mann war mit seiner Freundin auf einer Party gewesen und dann auf einer zweiten. Dort hatte sie ihren Exfreund getroffen. Und festgestellt, dass sie den noch immer liebte. Nach einigen Cocktails hatte sie sich von ihrem aktuellen Freund getrennt. Wollte sie ihn trösten, indem sie ihm gestand, ihn ohnehin nie geliebt zu haben? Der junge Mann gab sich die Kante. Die Überwachungskameras zeigten ihn später torkelnd am Bahnsteig. War es sein Zustand? Oder der Liebeskummer? War es ein Unfall? Oder Absicht? Er fiel auf das Gleis, direkt vor die einfahrende Bahn. Und da lag er nun. Quer zur Schiene, sein Kopf im Schotterbett. Lebte. Noch. Mit dem Rücken auf der Schiene, die ist ein gutes Stück höher als das Schotterbett. Der Rücken sah gerade aus, und ein Rad des Zuges stand in seiner Taille.

Das Rückgrat!, schoss es mir durch den Kopf.

Der Schwerstverletzte atmete, wenn auch stöhnend. Sein bleiches Gesicht leuchtete in der Dunkelheit. Im Licht der Taschenlampe versuchte ich mir einen Eindruck zu verschaffen. Der Lichtkegel fing einen abgetrennten Fuß an einem Nike Turnschuh ein. Weiß leuchtete ein Stück Knochen heraus. Rote Socke. Kaum Blut am Körper des Schwerverletzten, Schürfwunden überall. Wie vielen anderen Schienenopfern waren auch diesem jungen Mann beim Zusammenstoß die Kleider vom Leib gerissen worden.

Zirka fünf Liter Blut pulsieren in einem Menschen. Es ist

nicht so, dass die in Fontänen aus einem Schwerverletzten spritzen, wie man es im Fernsehen gelegentlich sieht. Oft bluten die Opfer gar nicht. Im Schock macht der Körper dicht. Auch wenn es ganz schlimm ist, sieht es auf den ersten Blick nicht so aus. Hier schon … der Fuß und das gebrochene Rückgrat. Ich konnte das Entsetzliche sogar riechen. Rohes Fleisch – der Verletzte war einige Meter mitgerissen worden – entfaltet einen ganz eigenen Geruch. Er vermischte sich mit Schotterstaub, modrigen Holzschwellen und der U-Bahn-Bremse. Es klingt vielleicht befremdlich, aber manchmal, wenn ich beim Metzger einkaufe, fällt mir ein Unfallopfer ein, das wir leider nicht mehr retten konnten.

Den Tod kann nur ein Arzt oder eine Ärztin feststellen, doch es gibt Verletzungen, die sind mit dem Leben nicht vereinbar. »Gesichert ex« heißt das bei uns. Das sagt den Kollegen, dass es nicht eilt. Es geht nicht mehr um jede Sekunde, wie wir bei der Anfahrt vielleicht dachten.

Die Lippen des jungen Mannes schimmerten bläulich. Auch seine Augen waren blau, doch sein Blick war schon gar nicht mehr richtig da. Ob hier ein Schockraum noch helfen konnte? So wird die Unfallversorgung im Krankenhaus genannt, bei der Pflegepersonal und Ärzte aus verschiedenen Fachrichtungen Hand in Hand arbeiten und alle technischen Möglichkeiten inklusive Blutkonserven und OP bereitstehen.

Ob die Lebensrettung gelingt, kommt maßgeblich auf die Erste Hilfe am Unfallort an. In einer solchen Situation fährt der Körper ein Notprogramm. Lebensunwichtige Organe werden in der Versorgung hintangestellt. Stattdessen konzentriert sich der Körper auf Gehirn und Herz, deren Funktion er primär aufrechterhalten will. Je nachdem, wie lange ein Mensch in diesem Zustand der Unterversorgung verbleibt, können daraus später Komplikationen entstehen, die zum Tode führen. Es kommt dann zu Multiorganversagen – und man stirbt an den Folgen des Schocks. Deshalb bemühen wir uns, die Schockphase so kurz wie möglich zu halten. Wir legen dem Verunfallten eine Sauerstoffmaske und eine Infusion für Flüssigkeit und Schmerzmittel und bereiten alles vor, um ihn zu retten. In diesem Fall griffen wir als Erstes zu einem Gabelschlüssel, um ein Schutzblech, in das er gezogen worden war, wegzuschrauben. Ferner bereiteten wir eine Narkose vor und hoben ihn dann mit einem Spineboard aus dem Gleisbett auf den Bahnsteig. Das Spineboard ist ein Rettungsbrett, auf dem der Verletzte gerade liegen kann, bis er ans Krankenhaus übergeben wird. Die Bewegung der Wirbelsäule muss in solchen Fällen unbedingt vermieden werden, da das Rückenmark verletzt oder durchtrennt werden könnte. Wochen später erfuhr ich, dass der junge Mann überlebt hatte. Allerdings würde er nie wieder laufen können, er war auf einen Rollstuhl angewiesen – durch eine Sekunde der Unbedachtheit. So ist es oft. Die Geschehnisse, die ein Leben gravierend verändern, passieren häufig in Sekundenbruchteilen. Und dann ist alles anders.

Wem werden wir in solchen dramatischen Sekunden heute beistehen, meine 35 Kollegen und ich?

Das Opfer aus der Tiefkühltruhe

Unsere Wachstärke beträgt immer mindestens 35 Feuerwehrler, damit jede Funktion besetzt ist. In der Münchner Hauptfeuerwache sind wir zwei Frauen im Dienst und 150 Männer. Um den Drei-Tage-Wachdienst zu organisieren, haben wir drei Wachabteilungen aufgestellt: A, B und C. Jeder, der morgens in die Wache kommt, unterschreibt die Ablösung, damit sein Vorgänger weiß, dass er nun frei hat. Es könnte ja jederzeit ein Alarm losgehen, und dann muss klar sein, wer jetzt zuständig ist.

Ich unterschreibe: Wedel. Mich gibt es nur einmal, deshalb brauche ich keine laufende Nummer. Auf unserer Wache gibt es zwei Hilfeleistungslöschfahrzeuge, das HLF 1 und 2. Heute bin ich im Angriffstrupp am HLF 1 eingeteilt. Was wird der Tag bringen? Zwei Minuten später weiß ich es: kein Frühstück, denn da kommt schon der erste Alarm:

Licht – Gong: Bereiteranger, Feuerwache 1, der Zug, Zimmerbrand.

Ich laufe zur Rutschstange, die Tür davor steht bereits offen. Es gibt fünf Rutschstangen, sie sind von allen Stockwerken aus zugänglich. Vom ersten Stock bis in die Fahrzeughalle sind es etwa acht Meter. Unten angekommen, schlüpfe ich in meine bereitstehenden Einsatzstiefel, nehme Jacke und Helm vom Haken und steige ins HLF. Wenn der Alarm während der Ablösezeit erklingt, rutschen zur Sicherheit meist alle runter, damit auch wirklich jede Funktion besetzt ist.

Das Brummen von Motoren erfüllt die Halle. Schmidi, der Maschinist und somit Fahrer dieses Wachtages, startet den Diesel. Die Lüftung in der Halle läuft an. Peter von der Nachrichtenstelle bringt dem Gruppenführer auf dem Beifahrersitz unseres Fahrzeugs das Alarmschreiben mit der Meldung und Adresse. Der Verantwortliche sitzt immer auf dem Beifahrersitz, die Mannschaft hinten. Für insgesamt acht Personen ist ein HLF ausgerichtet, besetzt ist es bei uns mit sechs Einsatzkräften, der sogenannten Staffelbesatzung. Die Tore öffnen sich. Meine Kollegen steigen kurz nach mir zu: Florian, Ulrich und Georg.

Schmidi fährt zum Tor, und als alle Fahrzeuge bereitstehen, geht es los.

»Gerade wollte ich einen Schluck Kaffee trinken«, seufzt Florian.

»Hättest Milch reingetan, wär er nicht so heiß gewesen«, rät ihm Georg.

Der Einsatzleitwagen setzt sich an die Spitze unserer Kolonne, wir folgen. Insgesamt besteht unser Zug aus fünf Fahrzeugen: dem Einsatzleitwagen, den beiden HLFs, der Drehleiter und dem Rettungswagen. Die erste Ampel vor der Feuerwache ist von der Nachrichtenstelle bereits auf Grün geschaltet, die folgenden werden wir selbst mit unserem Blaulicht steuern, vorausgesetzt, die anderen Verkehrsteilnehmer nehmen uns wahr und spielen mit.

Blaulicht und Martinshorn sind kein Freifahrschein, der die Straßenverkehrsordnung aufhebt. Man muss trotzdem gewissenhaft auf den Verkehr achten. Es sind schließlich noch weitere Menschen unterwegs, die dürfen nicht gefährdet werden, auch wenn wir es sehr eilig haben. Selbst wenn wir über eine rote Ampel fahren, haben andere noch Vorfahrt. Die meisten Verkehrsteilnehmer wissen, was eine Rettungsgasse ist, und reagieren auf Blaulicht und Horn. Manche sind allerdings abgelenkt. Sie hören laut Musik oder telefonieren, verhalten sich anders, als man es erwartet, und blockieren den Weg, anstatt ihn frei zu machen. Immer wieder kommt es vor, dass einer erschrocken in der Straßenmitte stehen bleibt, auch wenn alle anderen rechts Platz machen. Da wir im HLF hoch oben sitzen, können wir den Verkehr zum Glück weit überblicken. Bei einer Blaulichtfahrt schüttet der Maschinist, also derjenige, der am Steuer sitzt, ziemlich viel Adrenalin aus. Am Einsatzort dagegen bleibt er im Wagen, außer er bedient die Pumpe für das Löschwasser.

Ich bin immer sehr gern gefahren. Der Lkw-Führerschein ist heute Teil der Grundausbildung, bei mir war er eine Zusatzausbildung. Als Fahrerin trage ich eine hohe Verantwortung für die Mannschaft und die anderen Verkehrsteilnehmer. Das erste Mal mit Blaulicht unterwegs zu sein war sehr spannend. Aber man gewöhnt sich schnell daran, fast zu schnell! Mir ist es zweimal passiert, dass ich nach einem Dienst, den ich als Maschinistin absolvierte, beinahe eine rote Ampel überfahren hätte, bis ich umschaltete: Ach so, ich fahre jetzt privat. Rot heißt Stopp!

Die Anfahrt in den Bereiteranger dauert nicht lang. Deshalb müssen wir uns mit unserer Ausrüstung beeilen. In jedem Sitz im HLF befindet sich ein Atemschutzgerät mit Maske. Bei dem Einsatzstichwort *Zimmerbrand* wird es automatisch angelegt, reine Routine. Die Feuerwehr ist stets optimal vorbereitet. Wir gucken nicht erst vor Ort, welche Garderobe und welches Werkzeug wir brauchen: Wenn wir ankommen, haben wir alles am Körper und in den Händen, was wir voraussichtlich benötigen. Da ich heute entgegen der Fahrtrichtung sitze, helfen mir meine Kollegen beim Anziehen.

Hilfsbereitschaft wird bei der Feuerwehr großgeschrieben. Jeder schaut auf jeden und unterstützt, wo er kann – auch wenn der Magen knurrt. Normalerweise frühstücken wir, bevor wir ausrücken. Das dient nicht nur der leiblichen Einstimmung auf einen langen Dienst, sondern auch der seelischen. Man kommt auf der Wache an, tauscht sich mit Kollegen aus … und dann könnte es von uns aus losgehen. Aber so läuft es nicht unbedingt. Bei der Feuerwehr gibt es den ganzen

Tag lang Überraschungen. Man rechnet mit dem Schlimmsten, und am Ende ist alles halb so wild – dafür stellt sich beim nächsten Einsatz eine harmlose Meldung als brandgefährlich heraus. Nur selten können die anrufenden Bürgerinnen und Bürger eine Gefahr richtig einschätzen. Viele Gefahren sind für Laien unsichtbar. Gasleitungen zum Beispiel.

Die Leitstelle meldet sich über Funk beim Zugführer, und wir hören mit: »Mehrere Anrufe. Erhöhte Einsatzstufe. Es fährt ein zweiter Zug nach und der Inspektionsdienst.«

Das bedeutet, es haben mittlerweile weitere Leute festgestellt, dass es raucht, womöglich sogar aus der Wohnung brennt. Die Spannung im Wagen steigt.

Drei Minuten später biegen wir von der Zeppelinstraße in den Bereiteranger ab, eine kleine Straße an der Isar. Auf den ersten Blick keine zugeparkten Gehsteige. Prima. Auch kein Lastwagen, der gerade etwas entlädt und die Rampe hochfahren muss, ehe er uns Platz machen kann. Bestens. Der Zugführer erkundet, wo genau der Brand sich befindet, ferner Zugänglichkeit und Personengefährdung. Steht jemand am Fenster, muss er sofort mit der Drehleiter gerettet werden. Personen sehen wir keine, dafür den Rauch, der aus einem gekippten Fenster im zweiten Stock zieht. Wir laufen durch die Hofeinfahrt in das Treppenhaus. Schmidi, unser Maschinist, legt den Verteiler bereit – so heißt das Stück Schlauch mit der Armatur, von der aus es drei Anschlussmöglichkeiten für weitere Schläuche gibt. Der Angriffstrupp, vier Mann und ich, steht schon vor der geschlossenen Wohnungstür. Wir klingeln und klopfen nach Feuerwehrart, will heißen nicht zimperlich. Keine Reaktion. Das Gefährliche am Feuer sind nicht die Flammen, es ist der Rauch. Die meisten Menschen sterben an Rauchvergiftung, nicht durch Verbrennung. Deshalb warten wir auch keine drei höflichen Minuten, bis uns eine Pforte aufgetan wird. Wir machen sie selbst auf. Florian hebt die Axt, da wird die Tür aufgerissen. Ein junger Mann, die Haare stehen ihm zu Berge, reibt sich die rot geäderten Augen, als er uns erkennt.

»Feuerwehr? Brennt's irgendwo?«, fragt er gähnend.

»Ja, bei Ihnen«, erwidert Ulrich schlagfertig.

»Bei mir?« Er dreht sich verschlafen um. Offenbar nimmt er erst jetzt den Rauch wahr. Wir schieben den Mann zur Seite und betreten die Wohnung.

»Es brennt! Bei mir brennt's! Feuer!«, ruft der Mann und stürzt in den Flur.

Nein, es brennt nicht. Es qualmt nur. Und zwar aus dem Ofen. Wir öffnen das Fenster, drehen den Herd ab und bergen eine schwerstbrandverletzte Tiefkühlpizza. Leider können wir nichts mehr für sie tun.

Unter der Atemschutzmaske riecht alles nach Desinfektions- und Reinigungsmittel. Es ist gar nicht so einfach, darüber hinaus noch Gerüche wahrzunehmen. Zum Beispiel zu riechen, was da eigentlich brennt – ein Mensch oder nur das angekokelte Schnitzel? Fleisch ist Fleisch. Als Feuerwehrfrau kann ich dennoch sehr schnell entscheiden, ob es sich nur um angebranntes Essen oder einen richtigen Brand handelt.

Unseren Einsatz muss der junge Mann nicht bezahlen. Schließlich hatten uns die Nachbarn informiert. Sie konnten ja nicht wissen, ob es wirklich brannte. Außerdem hätte es durchaus zu einem Zimmerbrand kommen können, wenn beispielsweise eine Pfanne mit Fett auf dem Herd gestanden wäre und nicht bloß das späte Heimkehrerfrühstück eines Nachtschwärmers im Ofen gekokelt hätte.

Löschen ist eine Wissenschaft für sich. Feuer ist nicht gleich Feuer. Brennt ein Feststoff? Eine Flüssigkeit? Brennt Metall? Alles muss sachgerecht gelöscht werden. Wenn man die falschen Löschmittel wählt, kann man einen Brand sogar noch verschlimmern.

Der Klassiker: Am Herd brennt die Pfanne. Hilfe! In der Hektik fällt vielen nur eines ein: Schnell damit unter den Wasserhahn oder – wenn man sich nicht traut, sie anzufassen – ein Glas Wasser reinschütten. Aber Vorsicht: Das brennende Fett in der Pfanne ist über 100 Grad heiß, und Wasser verdunstet bei 100 Grad. Bei der Verdunstung von einem Liter Wasser entstehen 1800 Liter Dampf. Diese schlagartige Volumenvergrößerung reißt das Fett aus der Pfanne. Die Oberfläche wird riesig, und das Fett verbrennt explosionsartig.

Deshalb niemals eine brennende Pfanne voller Fett mit Wasser löschen, sondern: Deckel drauf! Feuer ersticken! Explodierendes Fett führt zu schwersten Verbrennungen mit lebenslangen Folgen.

Der Zugführer spricht in sein Funkgerät auf der Schulter: »Rückmeldung an die Leitstelle. Bewohner hat selbstständig Wohnung geöffnet. Es handelt sich um angebranntes Essen. Keine Gefahr. Der Rest kann stoppen.« Damit wird der Einsatz weiterer Kollegen abgebrochen.

»Frühstück!«, freut sich Schmidi.

»Mir hängt der Magen auf halbe achte«, nickt Peter.

»Schmidi, bring uns heim. Aber auf'm direkten Weg.«

Von wegen Feuer und Heldenberuf

2011 fuhr die Münchner Berufsfeuerwehr mehr als 71 000 Einsätze. Davon war »nur« 1907 mal wirklich Feuer im Spiel, obgleich es immerhin 4525 Brandalarme gab. Von Kleinbränden und Mittelbränden bis hin zu Großbränden sind wir mit jeder Gefahrstufe vertraut und stimmen darauf auch den Einsatz der Löschinstrumente ab: Bei einem Kleinbrand kommen wir mit bis zu einem C-Rohr aus, für einen Mittelbrand setzen wir gleichzeitig zwei bis drei C-Rohre ein und bei einem Großbrand mehr als drei C-Rohre. Der Schlauch eines C-Rohres hat einen Durchmesser von 52 mm. In der Regel gehen wir mit einem C-Rohr zum Innenangriff, um beweglich zu sein. Ein B-Schlauch dagegen hat einen Durchmesser von 75 mm. Gefüllt mit Wasser, wiegt er etwa 100 Kilogramm. A-Schläuche mit einem Durchmesser von 110 mm verwenden wir, um Wasser aus einem See zu saugen.

Die Berufsfeuerwehr in München wird sehr tatkräftig von der Freiwilligen Feuerwehr unterstützt. 21 solcher Abteilungen mit 850 Männern und Frauen halfen 2011 bei 2114 Alarmen mit. Die Arbeit der Freiwilligen Feuerwehr ist ehrenamtlich. Brennt es während seiner Arbeitszeit, wird der freiwillige Feuerwehrler im Idealfall für den Löschdienst freigestellt. Viele meiner Kollegen von der Berufsfeuerwehr sind privat auch bei der Freiwilligen Feuerwehr aktiv. Feuerwehr ist für sie und mich eben … eine ganz heiße Liebe.

In der Kantine im Mannschaftsraum haben unsere nicht ausgerückten Kollegen ihr Frühstück mittlerweile beendet.

»Was war?«

»Angebranntes Essen.«

»Ach so … na, mach dir nix draus, der Tag ist noch jung.«

»Da kimmt scho no was nach.«

Das mag für Nichtfeuerwehrler befremdlich klingen. So als wüssten die Rettungskräfte dieses Happy End gar nicht richtig zu schätzen. Und das stimmt auch ein bisschen. Viele Feuerwehrleute haben gewisse Ansprüche an ein Happy End. Das rundeste gute Gefühl stellt sich nämlich am ehesten dann ein, wenn man im großen Stil helfen konnte. Den Ofen hätte der junge Mann schließlich auch ohne unser Zutun ausschalten können.

Feuerwehrleute sind für Extremfälle ausgebildet, und die möchten sie auch lösen. Je jünger sie sind, desto dringender ist dieser Wunsch. In der Anfangszeit will jeder Feuerwehrler alles ausprobieren. Später ist er froh, wenn es ruhig bleibt, denn dann weiß er: Jetzt ist gerade niemand in Not.

Natürlich steckt in jedem Feuerwehrler irgendwie ein Retter oder Helfer – das macht diesen Beruf einfach aus, aber manchen steigt das ganz schön zu Kopf. Ich kenne Kollegen, die sehen sich als große Helden und klopfen markige Sprüche à la:

»Wo andere rauslaufen, laufen wir rein.«

»110, die Jungs, die man ruft, 112, die Männer, die kommen.«

»Wenn du sicher sein willst, schlaf mit einem Feuerwehrmann.«

Das finde ich weder verlockend noch cool. Trotzdem komme ich auch mit solchen Kollegen gut aus, die am liebsten den bösen Drachen töten, um die Prinzessin zu retten … zumindest, solange ich nicht die Prinzessin spielen muss. Manche sehen sich als Ritter in der silbernen Rüstung und sind dabei richtig glücklich. Sie haben Bruce Willis' Bescheidenheit verinnerlicht: Wenn ich das nicht mache, wer soll es sonst tun? Ich reiße mich nicht drum. Bloß: Es gibt eben keinen anderen, der es sonst machen könnte. Also muss ich ran, Baby!

Ich dagegen meine: Es gibt immer jemanden, der das genauso tun könnte. Für mich ist die Feuerwehr ein Beruf, mit dem ich Geld verdiene. Ich bin keine allgegenwärtige Retterin und Beschützerin vor dem Bösen, und eine Heldin muss ich auch nicht sein, da habe ich null Ehrgeiz. Aber meinen Job will ich gut machen und alle mir gestellten Aufgaben bestmöglich lösen. Es ist mir zu jeder Zeit bewusst, dass ich nicht die Einzige bin, die schwierige Situationen meistern kann. Wenn ich frei habe, gibt es ja auch Alarme, und dann springen andere ein. Unersetzbar ist keiner. Vielleicht liegt diese Einstellung an meiner Herkunft, so weit weg von Hollywood.

Mit dem Traktor auf der Milchstraße

Geboren bin ich im Frühling 1980 als erstes Kind auf einem Einöd-Bauernhof bei Sulzbach-Rosenberg in der Oberpfalz und verbrachte meine Kindheit und Jugend auf dem reinsten Abenteuerspielplatz. Immer war was los. Neben aufregenden Ereignissen wie der Heuernte oder der Geburt eines kleinen Kälbchens vertrieben wir uns die Zeit mit Radeln, in der Werkstatt oder am Lagerfeuer, schlugen Holz, bauten uns ein Baumhaus oder verkrochen uns in eine Höhle im Wald. Und natürlich übten wir von klein auf, Traktor zu fahren. Mein Papa hat mir das beigebracht, noch bevor meine Füße zu den Pedalen reichten – deshalb saß ich bei meinen ersten Versuchen bei ihm auf dem Schoß. Hauptsache, das Lenken klappte – und das Vorglühen und Anlassen. Auf dem Bauernhof fragte keiner nach dem Führerschein. Solange ein Erwachsener aufpasste, durfte ich als kleines Mädel also schon selbst fahren und war eifrig mit dabei.

Jeden Tag wurde vorne an der Straße die Milch unserer Kühe abgeholt. Die paar Hundert Meter dorthin führten über einen Privatweg, also durften wir das schon als Kinder übernehmen. Wir waren noch sehr jung, mein zwei Jahre jüngerer Bruder und ich, als wir um diese Fahrten stritten. Ich gewann oft und tuckerte, sobald meine Füße zu den Pedalen reichten, auch ohne Aufpasser zur großen Straße.

Im Frühling ging es raus. Nach der langen staden Zeit platzte die Arbeitslust förmlich auf. Schönes Wetter musste ausgenutzt werden: Morgen soll es regnen, also geschwind auf den Traktor, die Sähmaschine eingespannt und raus aufs Feld, Sommergetreide ansäen! Wie hat der Winterweizen die Kälte überstanden, was machen die Kälber? Und dann müssen noch die Felder hergerichtet werden für die Kartoffeln und den Weizen. Wo immer es etwas anzupacken gab, ich war überall dabei. Zum Glück verbrachte ich nur ein Jahr im Kindergarten – für mich die reinste Zeitverschwendung! Daheim gab es genug zu tun, und es war noch dazu viel spannender! Wie herrlich das frisch geschnittene Gras duftete, und der Waldboden nach einem kräftigen Regenguss. Ich liebte die Schwüle vor dem Gewitter und den Dampf danach, ehe die Luft sich klärte, überhaupt die Jahreszeiten, wenn sie mit ihrer jeweiligen Würze schwer in der Luft hingen oder ihre ersten Düfte verbreiteten. Und nachts die Abermillionen Sterne …

»Papa, fahren die da oben auch Traktor?«

»Nein, die da oben sind schneller unterwegs. Mit Raumschiffen, Satelliten und manchmal auch mit Sternschnuppen.«

Mama und Oma nahmen mich meistens mit aufs Feld. Sie hackten Kartoffeln, ich plagte mich mit den Knoten und Schleifen an meinen Schuhen. Egal, wie fest sie die Knoten zogen, ich bekam sie alle auf. Ich erinnere mich an Mamas und Omas gebückte Gestalten im Morgenlicht, den Dunst von den Wiesen, das diffuse Sonnenlicht. Ich saß auf einer Decke. Das Gras war feucht. Hin und wieder winkten mir die beiden zu, eine Hand in den Rücken gestützt. Ich winkte zurück und arbeitete wie sie fleißig weiter, bis ich melden konnte: »Mama! Oma! Offen!«

Es störte mich nicht, dass ich keine Freundinnen hatte. Es war ja immer was los, und dann gab es schließlich meinen Bruder Robert, und später kam noch Jürgen dazu.

Gern half ich auch in der Küche. Der Oma beim Kochen, der Mama beim Kuchenbacken. Aber da rief schon der Papa, und ich musste schnell wieder raus. »Bring mir mal den Sechzehner-Gabelschlüssel. Hol mir mal die Schachtel mit den neuen Klingen fürs Kreiselmähwerk. Manuela, jetzt brauch ich die Fettpresse.« Ich sauste über den Hof und brachte alles Gewünschte.

»Super«, sagte der Papa, »das geht ja wie bei der Feuerwehr!«

Kein Wunder, dass ich bei all den Herausforderungen zwischendurch müde wurde. Ich suchte mir ein ruhiges Plätzchen und war schon bald eingeschlafen, ohne meinen Eltern vorher zu sagen, wohin ich mich gekuschelt habe. Und so wurde ich wieder mal gesucht auf dem ganzen Hof, in der Scheune und in den Schuppen. Mein Schlaf war tief und fest und lang. Mama dachte, ich sei bei Papa im Stall, der glaubte mich mit Oma bei den Hühnern und die wähnte mich bei Mama in der Küche. Es dauerte eine Zeit lang, bis alle drei feststellten, dass ich fehlte. Und so starteten sie von Neuem eine Suchaktion. »Ma-nu-e-la!« Ich hörte nichts. War ja auch kein Alarm, sondern die lieben Eltern und die Oma.

Schon in frühester Jugend hatte ich keine Angst vorm Feuer, im Gegenteil: Kerzen faszinierten mich. Sehr lang konnte ich in die Flamme schauen, ohne dass mir langweilig wurde. Deshalb liebte ich die Weihnachtszeit mit Adventskranz und Christbaumkerzen natürlich ganz besonders. Endlich war es wieder so weit. Ich war vielleicht sieben Jahre alt und allein in der Küche. Da lagen, sehr verlockend, auf dem Tisch die Kerzen für den Baum. Es waren nur noch wenige Tage, bis wir ihn schmücken würden. Ich konnte mich nicht mehr beherrschen und zündete eine Kerze an. Hielt sie schräg und ließ Wachs auf das Fensterbrett tropfen. Dann die nächste. Eine schöne Reihe stellte ich auf, ganz außer mir vor Entzücken. Bestimmt würde die Mama sich freuen. Sie freute sich so sehr, dass sie einen Schrei ausstieß, als sie die brennenden Kerzen entdeckte, nur wenige Zentimeter von der Gardine entfernt. Dann folgte eine Gardinenpredigt, wie ich sie noch nicht gehört hatte, und ich lernte, das Feuer zu meiden.

Auch als in der Schule manche meiner Kameraden zu rauchen begannen, hielt ich Abstand zum Feuer. Zigaretten schmeckten mir nicht, und ich wollte kein Feuer erzeugen, sondern löschen – das ist bis heute so geblieben.

Blut statt Blumen

Nach der Schule begann ich eine Lehre zur Floristin. Meine Mutter, die mir dazu geraten hatte, behielt recht: Der Beruf gefiel mir, obwohl er durchaus auch brutale Seiten hat. Die Gärtnerin päppelt die Pflanzen auf, die Floristin reißt sie aus dem Leben, fesselt sie zu Sträußen und verarbeitet sie zu Dekorationen für Braut-, Tisch- und Sargschmuck. Feiertage brachten die meiste Arbeit mit sich. Advent, Allerheiligen, Mutter- und Valentinstag. Es gefiel mir, mit etwas Lebendigem zu tun zu haben, das so viel Symbolik hat und das vergeht. Was die Floristin dekoriert, bleibt nicht für immer. Die Rose für die Liebe, der Efeu für die Freundschaft, Tannenzweige als Hoffnungsträger. Leben und Sterben, der ewige Kreislauf, kein Anfang, kein Ende. Morgens drei Trauerkränze, nachmittags der Hochzeitsschmuck – das war schön abwechslungsreich. Es gefiel mir, dass ich mit den zur Verfügung stehenden Pflanzen und Materialien immer etwas Neues kreieren konnte. Ob Trauerfloristik oder Tischdekoration – da gibt es zahlreiche Möglichkeiten, kreativ und individuell zu gestalten. Dennoch wusste ich nach dem Abschluss meiner Lehre, dass ich diesen Beruf nicht für immer ausüben wollte. So richtig gefordert fühlte ich mich nämlich nicht.

»Mama, ich will weiterlernen«, gab ich bekannt. Meinem Papa konnte ich das nicht mehr sagen. Viel zu früh ist er gestorben. Und trotzdem ist er noch da. Ich glaube, er schaut auf mich. Wenn meine Füße manchmal nicht bis zu den Pedalen reichen, passt mein Papa besonders gut auf mich auf. Und wer weiß, vielleicht greift er sogar hin und wieder sanft in die Lenkung.

»Jetzt bist doch schon was Gscheites«, meinte meine Mutter.

»Aber das ist noch nicht das Richtige.«

Wir kamen überein, dass ich erst mal als Floristin arbeiten sollte – und dann weiterschauen. Insgeheim hatte ich schon eine Idee. Es dauerte aber noch ein halbes Jahr, ehe ich meiner Mutter von meinen Plänen erzählte, die sie nicht begeisterten.

Von dem Beruf der Rettungsassistentin hatte ich durch eine Freundin erfahren. Die war mit einem Rettungsassistenten liiert und konnte nicht aufhören zu schwärmen. Sie hätte wahrscheinlich auch den tollen Heldenberuf eines Konditors in den Himmel gehoben, verliebt wie sie war. Ich spitzte die Ohren: Klinikpraktikum, Notarzteinsätze, OP. Arzt- und Krankenhausserien schaute ich im Fernsehen gern an. Der Beruf der Krankenschwester hatte mich jedoch nie gereizt, und zum Studium fehlte mir das Abitur. Jahrelang spielte ich mit dem Gedanken, es nachzuholen – und habe mich mittlerweile am Abendgymnasium eingeschrieben.

»Was der Sebastian kann«, erfuhr ich von meiner Freundin, »das ist ja quasi dasselbe wie ein Arzt. Bloß auf der Straße, nicht in der Klinik. Auf der Straße ist das alles ja viel schwieriger. Als Rettungsassistent ist er der Erste vor Ort. Da muss er wahnsinnig viel wissen. Die ganzen Medikamente und wie so ein Körper funktioniert. Von ihm und seiner schnellen und kompetenten Reaktion hängt das Leben anderer Menschen ab. Er weiß vorher nie, wohin er gerufen wird. Das ist total stressig. Das kann nicht jeder. Da musst du schon was draufhaben. Die nehmen auch nicht jeden.«

Ich erkundigte mich und erfuhr, dass das Rote Kreuz die Ausbildung zur Rettungsassistentin anbot. Staunend nahm ich zur Kenntnis, dass viele Menschen diese Ausbildung in ihrer Freizeit absolvierten, um später ehrenamtliche Arbeit zu leisten. Zwei Jahre würde die Ausbildung dauern – und ich würde sie aus eigener Tasche bezahlen müssen. Das gefiel meiner Mutter überhaupt nicht. »Bleib doch bei den Blumen. Das ist doch viel angenehmer als das Blut!« Nicht nur dieser schreckliche Beruf, bei dem man so entsetzliche Sachen sehen würde: Motorradunfälle, Tote, Schwerstkranke – nein, das musste man dann auch noch selber bezahlen! »Mach mit dem weiter, was du gelernt hast, das kannst du doch schon so gut.«

»Die Rettung mach ich bestimmt auch gut, wenn ich es kann.«

»Und das Geld?«

»Ich hab es mir ausgerechnet. Wenn ich sehr sparsam bin, komme ich hin. Ich hab ja im letzten halben Jahr fast nichts ausgegeben. Außerdem kann ich nebenbei jobben.«

Meine Mutter seufzte. Sie wusste, dass sie mich nicht von meinen Ideen abbringen konnte.

Im November 1998 stellte ich mich beim Roten Kreuz in München vor. Allein. Mit dem Zug ging's von Vilseck nach Nürnberg, dort stieg ich um in den ICE nach München – einer Stadt mit weit über einer Million Einwohner. Auf unserem Weiler waren wir zu sechst. Ich war einigermaßen aufgeregt. Der Zug schlängelte sich in die große Stadt hinein, immer mehr Häuser und Siedlungen, Kilometer um Kilometer überall Menschen. Endlich der Hauptbahnhof. Eine riesige Halle. Lärm. Wo wollten all die Leute hin? Zum Glück war es ein Sackbahnhof. Ich ging in die Richtung, in die meine Mitreisenden liefen. U-Bahn, S-Bahn. Aha. Mit der Rolltreppe runter. Noch mehr Leute. Ich stellte mich vor einen Schaukasten und studierte den Fahrplan. Verstand bloß Bahnhof. Also stieg ich einfach in eine U-Bahn, um mich, Station für Station, zu orientieren. Ich hatte genug Zeit bis zu meinem Vorstellungstermin. Allmählich blickte ich durch, wechselte die Richtung und die Bahn und erreichte die Holbeinstraße am Prinzregentenplatz viel zu früh. So blieb noch Zeit für einen Abstecher an die Isar. Warum heißt es immer, die Isar sei grün? Ich hatte eine graue Brühe vor mir. Trotzdem fand ich sie toll. Umwerfend geradezu! Und außerdem fühlte ich einen gewissen Stolz – so ganz allein in der großen Stadt. Es nieselte und nebelte, und ich war glücklich. Aber wo waren die Berge? Ich hatte fest geglaubt, München läge zu Füßen der Alpen, so hatte ich es auf unzähligen Postkarten und im Fernsehen gesehen – und war erst mal enttäuscht, dass ich sie nicht sehen konnte. Heute weiß ich, dass ich trotzdem nicht so falschlag. Besonders, wenn ich auf der 30-Meter-Drehleiter stehe und wir Föhn haben. Da sind die Berge dann auch in München zum Greifen nah.

Auf mein Vorstellungsgespräch beim Roten Kreuz war ich besser vorbereitet als auf die U-Bahn. Ich zählte meine Argumente für meinen Berufswunsch auf und wusste auch detailliert, was mich erwartete. Mein Gesprächspartner nickte oft und gab mir zu verstehen, dass ihm meine Antworten gefielen. Doch ich war nicht die Einzige, die sich bewarb. Und eine Zusage für die Schule würde ich nur bekommen, wenn ich einen Praktikumsplatz nachweisen konnte. Den musste ich mir jedoch selbst suchen. »Und leider, Frau Wedel«, machte mir mein Gesprächspartner keine falschen Hoffnungen, »ist das zurzeit ziemlich schwierig.«

Ja, das war es allerdings. Sehr schwierig sogar. Für mich begann eine emotionale Achterbahnfahrt von Hoffen zu Bangen. Ein Angebot zerschlug sich im vorletzten Moment – und dann hatte ich doch noch Glück. Einen Tag vor Ablauf der Frist ergatterte ich einen Platz in Weißenburg-Gunzenhausen bei Schwabach. So konnte ich Ende 1999 meine zweijährige Ausbildung zur Rettungsassistentin beim Roten Kreuz an der Schule in Jettingen beginnen, weit weg von daheim im schwäbischen Bayern.

Der Abschied von meinen Freunden und Freundinnen verlief mit gemischten Gefühlen. Nicht alle teilten meine erwartungsvolle Fröhlichkeit, nicht alle fanden meine Pläne gut. Sie machten sich Sorgen um mich.

»Da muss man doch schlimme Dinge sehen. Blut und so …« – meine Freundin Christine runzelte die Stirn.

»So lange sich keiner übergeben muss, schaff ich das. Ich will nur nicht zuschauen müssen, wenn sich einer übergibt, weil ich mich dann vielleicht ebenfalls übergeben muss«, brachte ich meine größte Sorge auf den Punkt.

Christine starrte mich an. »Das ist dein einziges Problem? Dass einer kotzt?«

Ich nickte.

»Aber da können viel schlimmere Sachen passieren. Abgerissene Gliedmaßen und so.«

»Es können auch total schöne Sachen passieren«, erinnerte ich sie. »Man kann Schmerzen stillen, Menschen retten, bei Geburten helfen.«

»Als Floristin kannst du anderen auch eine Freude machen.«

»Aber keine Menschenleben retten.«

»Floristin hat dir doch immer gefallen.«

»Ja schon. Jetzt weiß ich aber, wie das ist, und will was anderes machen. Es gibt noch so viel, wofür ich mich interessiere. Astrophysik zum Beispiel, Zeichnen, überhaupt die ganze Medizin, die Natur, welche Tiere im Wald wohnen, wie ein Telefon funktioniert, tauchen würde ich gern und mehr über Archäologie und die Zeit von der Antike bis zum Mittelalter wissen, Sternbilder finde ich spannend und Mondfinsternis …«

Christine lachte. »Vielleicht solltest du lieber Astronautin werden?«

»Da ist es quasi aussichtslos, einen Praktikumsplatz zu finden.«

Christine prustete noch lauter los. Dann wurde sie ernst. Aber nur im Spaß. Sie zog die Stirn kraus und sagte bedächtig: »Also ein Grund für die Rettungsassistentin fällt mir schon ein.«

»Ja?«, fragte ich neugierig.

»Floristen, das sind doch alles Frauen, oder?«

»Überwiegend.«

»Bei den Rettungsassistenten gibt es eine Menge Jungs. Da hast du die beste Auswahl.«

Entgeistert starrte ich sie an. »Das ist doch kein Grund!«

»Für mich wär es der einzige«, behauptete Christine augenzwinkernd.

Ich glaubte ihr kein Wort. Aber recht hatte sie trotzdem. Und die Tatsache, dass ich als Mädel in einem typischen Jungsberuf anfing, hat auch zu einigen Herausforderungen geführt. Nicht nur im Rettungsdienst, sondern auch bei der Feuerwehr …

Die Schlange an der großen Glocke

Licht – Gong: Meichelbeckstraße, das erste HLF, eine Schlange einfangen

Schlangen sind mir suspekt. Ich weiß nicht, warum, ich hatte nie ein schlimmes Erlebnis mit einer Schlange – und mag sie trotzdem nicht. Was ich eigentlich auch nicht unbedingt an die große Glocke hängen will. Von mir aus hätten die Schlangen weit weg von der großen Glocke bleiben können. Und das erst recht im Kreis meiner Kollegen. Sobald einer von uns nämlich eine Schwäche zeigt, nehmen die Späßchen kein Ende mehr. Vor einigen Jahren hat Schmidi sich auf dem Weg zum Einsatz einmal verfahren. Seitdem heißt es gnadenlos jedes Mal, wenn er am Steuer des HLF sitzt: »Schmidi, aber bitte auf dem direkten Weg.«

Eine Schlange also, denke ich, während ich den Sicherheitsgurt im HLF zuklicke, und versuche, ruhig zu bleiben. Eine Schlange ist bloß ein Tier. Zwar ein Reptil, aber das ist ja auch nur ein Tier, rede ich mir zu und beschließe vorsichtshalber, mich bei diesem Einsatz wenn möglich im Hintergrund zu halten und mir auf keinen Fall etwas anmerken zu lassen. Das Glück zwinkert mir zu, denn Michi fährt mit uns. Schlangen sind sein Hobby. Ich will lieber nicht wissen, wie es in seiner Wohnung aussieht …

Unterwegs hören wir über Funk, dass die Schlange auf der Straße liegt und schon gesichert ist: Jemand hat einen Korb über sie gestellt. Ferner erfahren wir, dass es sich bei dem Reptil um eine Würgeschlange oder Giftschlange von mindestens vier Metern handelt. Grün schillernd, züngelnd und laut zischend. »Womöglich eine grüne Mamba«, hat ein Hobby-Herpetologe telefonisch gemeldet. Mein Hals wird eng. Natürlich weiß ich, dass Anrufer oft übertreiben, denn Angst beflügelt die Fantasie. Meine allerdings auch. Bloß nichts anmerken lassen!

Als wir den Ort des Grauens erreichen, lasse ich meinen Kollegen den Vortritt. Michi ist gerade dabei, den Korb von der Schlange zu lupfen, als ich mich mit Sicherheitsabstand aufstelle.

»Na, wen haben wir denn da?«, fragt er in Richtung des Asphalts, bückt sich und hebt etwas hoch. Dann lacht er. »Na, du bist mir ja eine ganz gefährliche Mörderbestie!«

Die Kollegen lachen. Es klingt erleichtert. Vielleicht bilde ich mir das aber auch nur ein. Die Schlange ist jedenfalls weder giftig noch gefährlich: eine junge Ringelnatter mit einer stattlichen Länge von zirka 35 Zentimetern. Man erkennt sie an den gelb-orangen Halbmonden hinter den Ohren. Ringelnattern stehen unter Naturschutz. An der Isar leben einige – gut getarnt in ihrer braun-grau-grünlichen Haut. Sie sind sehr scheu und für Mensch und Tier absolut ungefährlich. Also auch für mich.

»Und jetzt?«, fragt Ralf.

»Auf der Straße können wir sie nicht liegen lassen«, meint Martin.

»Logisch, natürlich nicht«, stimmt Andy zu.

Und das war auch meine Meinung. Sie würde überfahren oder aus Angst zertreten werden. Kinder könnten sie aus naturwissenschaftlichem Interesse quälen.

»Ich hol mal die Bienenkiste«, seile ich mich kurz ab.

Als ich zurückkomme, stinkt es gewaltig um meine Kollegen herum. Michi lacht. »Typisch Ringelnatter. Das ist eine Abwehrreaktion. Der gefällt das nicht, was wir mit ihr machen. Das stinkt der.«

Ich gebe ihm die Kiste, vorsichtig verstaut er das Reptil. »Und jetzt suchen wir ein schönes ruhiges Plätzchen in der Nähe, Hauptsache weg von der Straße.«

»Am besten, wir fahren ein paar Meter«, meint Schmidi.

Wir sind uns einig und steigen ins HLF. Die Kiste ruht zirka 80 Zentimeter entfernt von mir auf Michis Schoß. Obwohl keine Gefahr besteht, fühle ich mich nicht wohl und schaue aus dem Fenster, als gäbe es dort etwas besonders Interessantes zu beobachten.

»Halt amal!«, fordert mich Michi da auf. Aus dem Augenwinkel sehe ich etwas Längliches, das er in meine Richtung schwenkt. Ich denke nichts, aber mein Körper reagiert. Schwupps sitze ich auf dem Schoß von Markus mir gegenüber. Erst dort erkenne ich, dass Michi mir einen vom Sitz gerutschten Gurt hat reichen wollen. Die Ringelnatter befindet sich nach wie vor gesichert in der Kiste.

Nach einem Moment der Verblüffung brechen meine Kollegen in Lachen aus. Schnell setze ich mich zurück auf meinen Platz. Doch es hilft alles nichts: Von einem Moment auf den anderen bin ich enttarnt. Jetzt wissen sie alle Bescheid. Und werden es nie mehr vergessen.

»Schmidi, fahr in die Auen. Aber auf'm direkten Weg!«

An der Isar öffnet Michi die Kiste. Schnell verschwindet die Ringelnatter im Gestrüpp.

»Manu, fang!« Ralf wirft mir einen Zweig zu.

Gelächter. Auf dem Weg zum Auto muss ich noch einige Schlangenattrappen bändigen.

Zurück auf der Wache, nimmt mich unser Gruppenführer beiseite. »Soll ich dir was sagen?«, fragt er mich und fährt fort, ohne meine Antwort abzuwarten. »Ich kann Schlangen nicht ausstehen und bin froh, wenn sich jemand anderes um solche Einsätze kümmert.«

Nachdenklich hole ich mir eine Flasche Wasser aus der Kantine. Manchmal ist es nicht leicht, die einzige Frau unter so vielen Kerlen zu sein. Ich falle überall auf, stehe ständig unter Beobachtung. Frauen haben Angst vor Schlangen, das weiß doch jeder. Und vor Mäusen und Spinnen auch. Wehe, ich rufe mal »Iiii«, wenn mir eine Spinne übers Gesicht krabbelt. Ich habe nichts gegen Spinnen. Aber die anderen vermuten das einfach, weil ich eine Frau bin. Männer können sich gruseln oder ekeln – es würde kaum auffallen. Weil man es nicht erwartet.

Seufzend schraube ich die Wasserflasche auf und will gerade trinken, da ertönt der Gong. Ich horche auf. Das gilt uns! Dem ersten HLF. Und was ich höre, klingt nicht gut.

Der Balkonsturz des kleinen Maxi

Licht – Gong: Hans-Mielich-Straße, das erste HLF, First Responder, Kind, Sturz aus großer Höhe

Wenn es um Kinder in Not geht, ist die Anspannung bei der Feuerwehr hoch. Viele meiner Kollegen sind Väter. Aber auch sonst gehen einem Einsätze für Kinder immer besonders nah. Bei der Feuerwehr gibt es einen eigenen Notarzt für Kinder. Der rückt tagsüber von einer der vier Kinderkliniken in München aus, die im wöchentlichen Turnus diesen Dienst wechseln, nachts direkt von der Feuerwache 1.

Schmidi schaut bedrückt. Nein, das ist kein guter Tag. Erst kein Frühstück und dann auch noch ein Kind. First Responder bedeutet, dass professionelle Erste Hilfe geleistet werden muss. Zu allen Einsätzen, die der Reanimation bedürfen könnten, rückt neben Notarzt und Rettungsdienst auch ein Feuerwehrauto zur medizinischen Erstversorgung aus. Was wie Überversorgung wirken mag, kann Leben retten. In einer Reanimationssituation braucht man viele Hände, um möglichst schnell alle nötigen Maßnahmen durchzuführen: Infusionen legen, Medikamente vorbereiten, Atemwege sichern, Angehörige betreuen, Klinikplatz organisieren. Bei der Herzdruckmassage muss der Helfer abgelöst werden. Studien haben gezeigt, dass Konzentration und Kraft nach zwei Minuten nachlassen. Die Herzdruckmassage ist sehr anstrengend.

Eine Frequenz von 100 Schlägen pro Minute muss in einem gleich bleibenden Rhythmus gehalten werden. Der drückende Helfer muss mitzählen, denn nach 30 Kompressionen folgen zwei Beatmungen. Wir beatmen nicht von Mund zu Nase, wie man es im Erste-Hilfe-Kurs lernt, sondern mit einfachen Beatmungshilfen wie beispielsweise einem Beatmungsbeutel, der mit Sauerstoff geflutet wird. Bei der Thoraxkompression müssen mindestens fünf Zentimeter des Brustkorbes zusammengedrückt werden, das entspricht in etwa der Größe eines Tennisballs. Jedes HLF ist mit einem Defibrillator ausgerüstet. Mit diesem Schockgeber können durch gezielte Stromstöße Herzrhythmusstörungen wie Kammerflimmern beendet werden. Seit den 1990er-Jahren verfügen nicht nur Krankenhäuser und Rettungsdienste über diese Geräte, sondern auch öffentlich zugängliche Gebäude wie beispielsweise Bahnhöfe oder Flughäfen. Selbst medizinische Laien können Defibrillatoren anwenden: Mit einem Knopfdruck startet ein Sprachmenü und erklärt Schritt für Schritt, was zu tun ist. Jede Sekunde zählt!

Je schneller in einer Reanimationssituation ein Kammerflimmern beendet wird, desto höher ist die Wahrscheinlichkeit, dass der Erkrankte oder Bewusstlose keine gravierenden neurologischen Schäden erleidet.

Da die Feuerwachen im Stadtgebiet breit gestreut sind, ist das HLF oft schneller an einem Einsatzort als der Notarzt. Auf jedem HLF fährt mindestens ein Rettungsassistent mit, alle anderen Feuerwehrler sind ausgebildete Rettungssanitäter. Die Bezeichnung ist irreführend. Man ist versucht zu glauben, der Sanitäter sei kompetenter als der Assistent. Doch es ist genau umgekehrt. Rettungsassistenten wie ich haben eine zweijährige Berufsausbildung mit Abschlussprüfung absolviert, Rettungssanitäter dagegen nur lediglich Kurse im Umfang von 520 Stunden. Trotzdem hört man bei der Feuerwehr gerne mal den Spruch: »Grüß Gott, ich bin der Sanitäter, und das ist mein Assistent.«

Bei einem Kindereinsatz verstummen jedoch selbst die größten Sprücheklopfer. Die Stimmung ist angespannt, oft bedrückt. Der Gruppenführer liest das Alarmfax und teilt uns mit, dass das Kind aus dem zweiten Stock vom Balkon gestürzt ist. Innerlich bereiten wir uns auf den Einsatz vor. Was werden wir benötigen? … die richtige Maskengröße zum Beatmen … wir haben keine kleine Kinderhalskrause an Bord … wie lange würde der Kindernotarzt brauchen? … der führt die sicher mit.

Wenn Kinder in Lebensgefahr sind, rückt die große Armada aus: HLF, Rettungswagen, der »normale« Notarzt und eben der Kindernotarzt. Die Polizei wird vor Ort sein und eventuell später das KIT, das Kriseninterventionsteam, um die Eltern zu betreuen.

Wir fliegen förmlich durch die Stadt voller Ungewissheit, ob wir wohl noch rechtzeitig kommen. Kinder haben oft einen Schutzengel, aber ein Sturz vom zweiten Stock, womöglich auf Beton …

Endlich sind wir da. Ein Wohnblock, grau, viele kleine Balkone … aber … keine Leute? Auch noch keine Kollegen, keine Polizei. Wir springen aus dem HLF und rennen zum Haus, um das Haus herum. Nirgends finden wir ein verletztes Kind.

»Da sind Sie ja endlich!« Eine völlig aufgelöste, korpulente Frau in rostbrauner Schürze mit Kochlöffelmotiven kommt uns schwer atmend entgegen. »Mein Maxi, mein Maxi!«

»Wo?«

»Er ist weg!«, schluchzt die Frau.

»Wie weg?«, fragt unser Gruppenführer ungeduldig.

»Vom Balkon ist er gefallen. Da oben!« Die Frau weist an der Hausfassade entlang. »Und jetzt ist er nicht mehr da. Und er ist doch erst zwei Jahre alt.«

Ja, das wussten wir. Zweijähriges Kind vom Balkon gestürzt.

»Maxi!«, ruft die Frau plötzlich. Sie reißt den Mund auf und zeigt auf eine Kastanie. »Da ist er ja! Maxi! Mein Maxi!«

Der Gruppenführer holt tief Luft. Er sieht so aus, als ob er gleich platzt. Vor Wut oder vor Lachen? Wir entscheiden uns alle gleichzeitig fürs Lachen: Maxi ist ein zweijähriger schwarz-weißer Kater.

Mit munteren Sprüchen und gut gelaunt bergen wir das Tier aus dem Baum. Es ist auf den ersten Blick nicht verletzt, nur sehr erschrocken.

»Am besten, Sie lassen ihn von einem Tierarzt untersuchen«, empfiehlt der Gruppenführer.

»Ja! Ja! Natürlich! Mein Maxi!«, schluchzt die Frau, außer sich vor Erleichterung, ihren Kater in Sicherheit zu wissen. Auf einmal fällt sie dem Gruppenführer um den Hals und busselt ihn mehrmals ab, wie man in Bayern sagt. Er trägt es mit Fassung. Die Heimfahrt verläuft in heiterer Stimmung. Niemand erinnert Schmidi an den direkten Weg.

Es geht übrigens auch andersrum: Unvergessen ist mir jener Einsatz, der mich kalt erwischte, beziehungsweise unter der Dusche. 24 Stunden Dienst sind lang, und es gibt immer eine Menge runterzuwaschen. Ob nach einem Brandeinsatz, dem Dienstsport oder einem Übungseinsatz. Ich hatte mich eben erst eingeseift, da ging der Alarm los. Ohne zu zögern, griff ich nach meinen Klamotten. Die wehrten sich. Die Socken wollten nicht über die nassen Füße. Auch Schimpfen half nicht.

Irgendwie schaffte ich es trotzdem, mich anzuziehen – und bereute es schon bald heftig, denn ein unstillbarer Juckreiz ließ mich schier aus der Haut fahren. Seither weiß ich: Immer erst die Seife abspülen!

Der Alarm klang sehr ernst. Ein Kind war bewusstlos, lag auf dem Küchenboden und bewegte sich nicht mehr. Wieder rückte die ganze Armada aus, der Kindernotarzt vorne weg. Am Ort des Einsatzes angekommen, stellte sich heraus, dass der »Bub, der wo sich nimmer rührt«, der 42-jährige Sohn der Anruferin war.

Bei der Feuerwehr brennt nichts an

Die Ringelnatter und der kleine Maxi haben uns um unsere Pause um 9 Uhr gebracht. Da gibt es Semmeln und Brezen, und was der Küchendienst eben noch eingekauft hat. Essen spielt eine zentrale Rolle bei der Feuerwehr. Miteinander kochen, miteinander essen – das stärkt die Gemeinschaft. Es gibt keinen festen Koch, sondern es kocht ein Feuerwehrmann, und ein paar Kollegen arbeiten ihm zu. Manchmal hat man Glück und ein gelernter Koch ist im Haus. Wie seinerzeit Joseph. Der ist nun leider in Pension. Viele schwärmen noch heute von seinem Schweinebraten. Als Veganer würde man bei der Feuerwehr verhungern. Zum Frühstück gibt es Wurstsemmeln, zur Brotzeit Weißwürste, Bockwürste, Debreziner und Leberkäs, mittags Kotelett, Schnitzel, Schweinebraten, Rouladen, Gulasch und so weiter. Meistens ist das Essen deftig. Ja, Eiweiß kann auch in pflanzlicher Form aufgenommen werden. Doch damit würde man bei der Feuerwehr nicht durchkommen. Beziehungsweise nur einmal, und dann gäbe es eine Meuterei auf der Wache.

Immer, wenn ich in meiner ersten Zeit als Feuerwehrfrau Küchendienst hatte, war ich total aufgeregt. Nervöser als bei einem Einsatz. Schließlich musste ich für 50 Leute kochen. Und denen sollte es schmecken. Nicht bloß das Kochen forderte meine gesamte Konzentration, ich musste das Essen vorher ja auch planen und alle Zutaten einkaufen. Vier Euro kostet das Mittagessen derzeit bei uns. Da muss man gut rechnen, damit sich Ausgaben und Einnahmen die Waage halten. Ich hatte das große Glück, das Kantinengeschäft bei Joseph zu lernen. Heute noch vermisse ich ihn manchmal – dabei war er einer vom alten Schlag, der strikt gegen Frauen bei der Feuerwehr war. »Frauen haben nix verloren bei der Feuerwehr!«

Zustimmendes Gemurmel seiner Kameraden, die das Allerschlimmste befürchteten: »Da darf man dann wohl keine gscheiten Witze mehr erzählen.«

Was unter gscheit verstanden wurde, war allen klar: blondinenfeindlich und gerne auch mal schlüpfrig. Joseph wurde drastisch: »Darf man dann vielleicht nicht mehr rülpsen auf der Wache?«

Als gelernter Koch und Metzger fing Joseph in jungen Jahren bei der Feuerwache 1 an und blieb dort über 30 Jahre bis zu seiner Pensionierung. Irgendwann übernahm er die Kantine komplett. Wenn Joseph kochte, waren alle zufrieden. Manche vielleicht sogar glücklich. Was nicht heißt, dass Joseph nicht ausrückte. Wenn der Gong ertönt, rücken alle aus, die gerufen werden. Auch der Koch. Die Kantine ist ja nur eine Zusatzaufgabe. Jeder Feuerwehrler ist einer bestimmten Abteilung zugeteilt, in der er Dienst macht, wenn kein Alarm ist. Wir liegen keineswegs faul vor dem Fernseher. Wenn es nirgends brennt, verrichten wir unsere Dienste zum Beispiel im Fuhrpark, in der Werkstatt, bei der Hausverwaltung, auf der Bildstelle oder Pressestelle und so weiter. Die Hauptfeuerwache ist ein großes Haus, da gibt es mehr als genug zu tun. Aber um zwölf ist Mittag. Außer es brennt.

Bei Joseph kam das Essen stets pünktlich auf den Tisch. Andere Köche brauchen Helfer: Schneidest du mir mal die Zwiebeln, kannst du den Salat waschen, jetzt rennt mir die Zeit davon. Joseph machte das meiste allein.

Essen ist eines der Lieblingsthemen von Feuerwehrlern und die meistgestellte Frage lautet: »Was gibt's heute?« Die Zubereitung der Mahlzeiten wird nur den wirklich echten Kerlen zugetraut. Ich war fast ein Jahr lang auf der Wache, da holte mich Joseph in die Kantine.

»Ich hab dich beobachtet«, ließ Joseph mich wissen. »Du kannst hinlangen. Dich brauchma in der Kantine.«

Dieser Antrag überrumpelte mich. Welch große Ehre! Und dann noch vom Joseph! Der die Kettensäge elegant wie ein Maniküreutensil führte.

»Ja, gern«, stammelte ich überrascht.

»Dann wär des geklärt«, nickte Joseph und erkundigte sich sofort nach meinen Qualifikationen:

»Kannst Kartenspielen? Wattn natürlich. Oder Schafkopfen.«

Ich schüttelte den Kopf. War ich jetzt durchgefallen? Wo konnte ich Wattn und Schafkopfen lernen? Wie lange würde ich dazu brauchen?

»Hm«, machte Joseph nachdenklich, und es war offensichtlich, dass mein weiteres Schicksal in den Karten lag. Da grinste er. »Macht nix. Hast ein Geld parat? Dann bring ich dir des Wattn gleich bei.«

»Vielleicht sollt ma noch mit dem Schichtführer reden?«, wandte ich zaghaft ein. Schließlich war er es, der uns einteilte.

»Ach so. Der. Ja. Ich red mit ihm.«

Ohne viel Aufhebens wurde ich ab dem nächsten Wachtag in die Küche befördert. Aber dem Wachleiter, dem Chef der gesamten Feuerwache 1, machte das durchaus Kopfzerbrechen, wie ich später erfahren sollte. Denn Joseph und seine Jungs, alles gestandene Mannsbilder über 40, waren berüchtigt für ihren ungehobelten Umgangston. Ich hingegen war die erste Frau in der Wachabteilung A und stand damit quasi unter Artenschutz. Der Wachleiter breitete sorgsam seine Fittiche aus. Beim Kaffeeholen, wenn er mit Joseph und seiner Truppe allein war, hieß es dann so ganz nebenbei: »Und dass ihr euch fei anständig aufführt's in der Gegenwart von dem Madl.«

Siegi beruhigte ihn: »Mach dir keine Sorgen Hermann, mia sind sicherer als wie die Pille.«

Wer noch nie in der Kantine gearbeitet hat, macht gern Witze – von wegen Kaufladen spielen und Salmonellenschuppen. In Wirklichkeit ist der Dienst in der Kantine sehr stressig. Wenn die Kollegen von einem Einsatz kommen – an dem der Küchendienst womöglich beteiligt war – und Pause machen, wird in der Kantine gearbeitet. Das Rollo vor dem Mannschaftsraum wird heruntergefahren – dabei handelt es sich nicht darum, die Salmonellen zu verstecken, sondern um eine einfache hygienische Maßnahme. Die Kollegen sehen also gar nicht, was jetzt abläuft: putzen, Bestellungen aufnehmen, Essen vorbereiten, kochen. Kaum hat man eine Minute Ruhe und will auch mal was zu sich nehmen, kommt ein Kollege rein: »Ach, ihr hockt doch den ganzen Tag nur rum und schlagt euch die Bäuche voll!«

Ja, täten wir gern. Aber leider ertönt schon wieder der Alarm.

Tod im Rauch

Licht – Gong: Winzererstraße, Feuerwache 1 der Zug, Zimmerbrand, Unterstützung Feuerwache 7

Gleichzeitig mit Walter und Gerhard rutsche ich eine der fünf Stangen runter, die in der Fahrzeughalle enden. Schmidi startet den Wagen. Der Zentralist verteilt die Alarmschreiben, die von der Leitstelle gleichzeitig mit dem Notruf durchgefaxt werden. Auf dem Alarmschreiben sind für uns die wichtigsten Informationen abgedruckt. Neben der Einsatzadresse und dem Einsatzgrund finden sich Angaben zum Stockwerk, wer die Feuerwehr gerufen hat und welche weiteren Feuerwehrfahrzeuge auf dem Weg sind. Außerdem enthält es viele nützliche Tipps, wie wir auf den schnellsten Weg gut vorbereitet zum Notfallort gelangen.

»Alle da?«, fragt unser Gruppenführer.

»Ja«, rufen wir von hinten nach vorne.

Die Stimmung ist angespannt. Dies wird ein ernster Einsatz. Die Feuerwache 7 ist bereits vor Ort und benötigt unsere Unterstützung als Sicherheitstrupp bei einem Brand in einem Mehrfamilienhaus. Vielleicht würden wir von der zweiten Seite einen Löschangriff starten. Der Ablauf ist stets derselbe: Menschenrettung vor Brandbekämpfung. Es kann sein, dass die Kollegen von der Feuerwache 7 noch immer mit der Menschenrettung beschäftigt sind. Vielleicht stehen Personen an den Fenstern des Hauses. In der Regel starten wir einen Innenangriff, stürmen unter schwerem Atemschutz ins Gebäude und löschen das Feuer dort, wo es brennt. Damit wir keine Zeit verlieren, rüsten wir uns während der Anfahrt bereits aus und schlüpfen in die Begurtung des Pressluftatmers, der im Sitz des HLF befestigt ist. Man schnallt ihn sich um wie einen Sicherheitsgurt, und als solcher dient er zusätzlich auch.

Während Schmidi bei Rot über eine Kreuzung fährt, ziehen wir uns die schwarzen Vollgesichtmasken mit Sichtfenster über das Gesicht. Das Fenster trägt den eleganten Namen *Panorama Nova,* was nichts zu bedeuten hat: Das Gesichtsfeld ist ziemlich eingeschränkt. In der Maske befindet sich eine Innenmaske über Mund und Nase. Damit soll der Totraum verkleinert werden: Nur ein Teil der eingeatmeten Luft erreicht tatsächlich die Lunge. Der Rest steht im luftleitenden System: in Rachen, Luftröhre und Bronchien. Deshalb kann man beispielsweise nicht unbegrenzt tief schnorcheln, sondern nur bis zu einer gewissen Tiefe, der Schnorchellänge. Die Lunge hat nur ein beschränktes Volumen an Luft zur Verfügung, die sie bewegen kann. Wenn Schnorchel und Volumen sich die Waage halten, ist kein Luftaustausch mehr möglich, lediglich eine Pendelatmung. Die verbrauchte Luft schwappt hin und her. Das nennt man Totraum. Luft ist vorhanden, Austausch nicht. Der Sauerstoff verbraucht sich, und es kommt kein frischer nach.

Die Atemschutzmaske ist gewöhnungsbedürftig, da man gegen einen Widerstand ausatmen muss. Angenehm ist das Tragen dieser Überdruckmaske nicht. Man hat das Gefühl, schlecht durchatmen zu können. Das liegt am Widerstand, vor allem, wenn der Lungenautomat, der einen mit Luft versorgt, noch nicht angeschlossen ist. Sobald er läuft, wird es leichter, weil der Widerstand beim Ausatmen dann überbrückt wird. In unseren Flaschen befindet sich kein Sauerstoff, wie oft fälschlich vermutet wird. Wir atmen normale Druckluft, also saubere Umgebungsluft aus einer Sechs-Liter-Stahlflasche mit 300 Bar, tragen also ungefähr 1600 Liter Luft auf dem Rücken. Der Umgang mit der Luft aus der Flasche muss trainiert werden. In der Grundausbildung wird der angehende Feuerwehrler Schritt für Schritt auf diese Ausnahmesituation vorbereitet. Man trägt zuerst nur die Maske und den Pressluftatmer, läuft damit über den Hof, dann mal ein paar Treppenstufen hoch, irgendwann bis ganz nach oben in den siebten Stock im Schlauchturm der Feuerwehrschule. Und dann wieder runter. Und noch mal rauf und runter. So steigert man sich langsam.

Am Ende des Trainings erwartet einen Feuerwehrler in der Ausbildung der Hindernisparcours. Da muss man dann durch einen engen Tunnel voller Schläuche kriechen und krabbeln, über Bretterwände steigen, eine Sprossenwand hochklettern und über lose Teppichrollen laufen, ohne zu stolpern … von einem Hindernis zum nächsten, wie es in jeder Wohnung zu finden ist. Denn im Rauch sieht man nichts. Da ist es empfehlenswert, die niedrigste Gangart zu wählen, sprich nah am Boden zu bleiben. Bei starker Rauchentwicklung erkennt man die Hand vor Augen nicht. Eine Taschenlampe bringt nichts. Man würde ein Loch im Boden trotzdem nicht sehen. Und auch keinen bewusstlosen Menschen. Deshalb führt die zweite Stufe des Maskentrainings in die Finsternis. Ohne Sicht im Dunkeln bleibt man gern unten und kriecht auf allen vieren vorwärts, denn der Rauch steigt nach oben. Mit Händen und Füßen wird der Raum abgetastet. Ist da jemand? Die Orientierung bleibt dabei reine Gefühlssache: Immer der Hitze nach. Man krabbelt dorthin, wo es am wärmsten ist.

Am wichtigsten in einer solchen Extremsituation ist es, zusammenzubleiben. Deshalb hängt man sich auch mit dem Gurt, der zu jeder Feuerwehruniform dazugehört, aneinander. Oder man krabbelt hintereinander. Angenehm ist so ein Einsatz nicht. Es ist heiß und eng, das eigene Atemgeräusch rauscht in den Ohren und erfüllt den ganzen Kopf. Die Verständigung mit den Kollegen, die man ja nicht sieht, ist schwierig. Schreien hilft auch nicht weiter, denn mit der Atemschutzmaske im Gesicht wird die Stimme dabei nur noch undeutlicher. Handzeichen sind keine Alternative, wer soll die in dem Rauch sehen? Eine einfache Zweizimmerwohnung kann einem riesig vorkommen, wenn man sich zentimeterweise vorantastet. Schließlich kennt man sich nicht aus, man war ja noch nie da. Man kann es sich ein bisschen wie in der Hölle vorstellen. In der Hölle nimmt man nicht den rechten Weg, sondern biegt immer erst mal links ab, und so machen wir das in verrauchten Zimmern auch. Das hat sich so eingebürgert, obwohl jeder Brand anders ist.

Die Wärmebildkamera hilft uns bei der Orientierung und kann Leben retten. Im Feuer stirbt man nicht an den Flammen, sondern an den Rauchgasen. Nach drei Atemzügen tritt bereits Bewusstlosigkeit ein. Ein Weg von mehreren Metern bis zur rettenden Tür ist nicht zu schaffen. Erschwerend kommt hinzu, dass man in einer Ausnahmesituation viel mehr Luft benötigt als sonst. Drei Atemzüge Zeit – das schafft ohne Maske nur einer wie Bruce Willis. Der trägt die schöne langhaarige Frau durch das Flammeninferno, rechts und links stürzen brennende Balken herab, er hat genug Luft für zwei und kann auch noch sprechen: »Halte durch. Ich bring dich in Sicherheit, Baby.« Und das macht der mühelos. Wie durch ein Wunder hält sich die Rauchentwicklung in Grenzen, und das Gebäude explodiert just in dem Moment, wo der Held ins Freie stürmt. In der Realität sieht das leider anders aus, dort stellt der Rauch das größte Problem dar.

Das Gefährliche am Rauchgas ist seine Mischung aus hochtoxischen Gasen, erst recht, wenn Kunststoffe warm werden. Es gibt kaum einen Ort ohne Kunststoffe, schon gar nicht in Wohnungen: Matratzen, Sofas, Stofftiere, Schränke und alles andere, was schön aussieht, entwickelt bei Wärme Brandrauch. Dieser enthält unter anderem Blausäure, historisch bekannt unter dem Begriff Zyklon B, Kohlenmonoxid, Ruß, Kohlendioxid, Schwefeldioxid und viele weitere giftige Gase. Zuerst muss man husten – zumindest als Mensch, als Held natürlich nicht. Dann holt man noch tiefer Luft, wird schlagartig bewusstlos und hoffentlich schnell von uns oder anderen Rettern gefunden.

Da Rauch die Eigenschaft hat, sich rasch und findig auszubreiten, kontrollieren wir bei einem Hausbrand sicherheitshalber alle Wohnungen. Durch Kabelschächte oder geöffnete Fenster kann der Rauch von der Brandwohnung aus in andere Wohnungen ziehen und dort Menschen gefährden oder töten, die gar nicht gemerkt haben, dass es woanders brennt. Auch Feuerwehrleute sind ungeschützt nicht gefeit vor dem Rauch. Ein Feuerwehrler im Atemschutzeinsatz hat nicht automatisch Ruhe und Routine gebucht. Das Tragen einer Atemschutzmaske kann Stress erzeugen. Im schlimmsten anzunehmenden Fall erleidet er eine Atemkrise. Betroffene haben das Gefühl, keine Luft mehr zu bekommen, und atmen immer schneller – sie hyperventilieren. Sanitäter kennen das Phänomen zum Beispiel von einem Robbie-Williams-Konzert, hier zwar weniger bei Maskenträgern, doch umso mehr bei Maskeraträgerinnen. Das schnelle Atmen führt zu einer Verstärkung des Gefühls, keine Luft mehr zu kriegen. Ein Teufelskreis. Im schlimmsten Fall reißen sich die Betroffenen die Maske vom Gesicht. Was beim Üben kein Problem ist, kann im Feuer tödlich enden. Deshalb wird es immer wieder geprobt, damit solche Einsätze routiniert ablaufen.

An der Bebänderung des Atemschutzgerätes befindet sich ein sogenannter Notsignalgeber, wir nennen ihn FireFly, Glühwürmchen. Sobald er aktiviert ist, blinkt eine rote Leuchtdiode auf. Das Gerät gibt Auskunft darüber, ob sich der Träger bewegt. Wenn er sich 25 Sekunden lang nicht bewegt, wird ein Voralarm ausgelöst, nach weiteren 15 Sekunden ohne Bewegung erfolgt der Hauptalarm. Würde ein Feuerwehrmann im Einsatz bewusstlos werden, bliebe das also nicht unbemerkt. Sofort würden ihm Kollegen zu Hilfe eilen. Die größte Angst des Feuerwehrlers ist, dass man heimfährt und einer fehlt im Auto.

Eine enorme Gefahr besteht auch darin, dass die erhitzte Luft mit den Rauchgasen durchzündet. Wenn etwas brennt, brennt es nicht unbedingt lichterloh. Auch ein Schwelbrand ist gefährlich. Oder es brennt in einem abgeschlossenen Raum, und das Feuer hat noch nicht übergegriffen. Aber es wird immer heißer. Alle brennbaren Materialien werden thermisch aufbereitet, sie gasen aus. Irgendwann geht dem Feuer die Luft aus, es ist kein Sauerstoff mehr vorhanden, und es kommt auch kein frischer nach, denn die Fenster sind dicht und die Türen geschlossen. Hitze. Gase. Für das richtige Mischungsverhältnis, um zu zünden, fehlt nur noch der Sauerstoff. Da kommt die Feuerwehr oder die Polizei. Endlich Sauerstoff! Den bringen die freundlichen Helfer mit, wenn sie die Tür oder das Fenster öffnen. Im schlimmsten Fall entzündet sich das brennbare Gasgemisch explosionsartig. Hitze schnellt nach oben, und schon brennt der ganze Raum. Lichterloh. *Flash over* nennt man diesen Flammenübersprung. Deshalb:

schön unten bleiben. Feuerwehrler trainieren diesen Ernstfall, der auch uns Helfer in Lebensgefahr bringen kann. Wir tragen zwar Schutzkleidung: eine Flammschutzhaube, die Kopf und Hals schützt, den Mantel und den Helm. Hohen Temperaturen halten die Materialien jedoch nicht unbegrenzt stand. Da kann auch ein Feuerwehrler Verbrennungen erleiden. Bei einem *Flash over* beträgt die Hitze schlagartig bis zu 1000 Grad. Um dieser Gefahr vorausschauend zu begegnen, werden Türen stets aus der Deckung geöffnet. Einer sitzt mit dem Strahlrohr in Bereitschaft, ein anderer prüft mit der Handrückseite, ob die Tür heiß ist. Würde man die Klinke mit der Handinnenseite anfassen und sie wäre heiß, würde man die Hand im Schreck zusammenkrümmen. Eine Tür wird darum erst »auf drei« geöffnet. Der Erste macht sie auf, der Zweite sitzt mit dem Schlauch in Deckung. Sobald die Tür offen ist, erhält der Brand Sauerstoff, und es könnte zu einer Durchzündung kommen. Deshalb halten wir in solchen Fällen sofort mit dem Strahlrohr drauf, ein paar Sekunden Wasser, feiner Sprühregen. Tür zu. Warten, damit die Temperatur im Raum absinkt. Dann wieder Tür auf und rein.

Im HLF steigt die Spannung, als wir uns dem Einsatzort nähern. Wir sind nicht die Einzigen, ein paar Hundert Meter vor uns entdecke ich eine Streife mit Blaulicht. Kurz bevor wir am Zielort eintreffen, stecke ich mir die Taschenlampe in die Brusttasche, hänge das Funkgerät um und die Fluchttaube an den Feuerwehrhaltegurt. Die Fluchttaube enthält eine Einwegatemschutzmaske, um ungeschützte Personen durch verrauchte Bereiche führen zu können.

Wie meine Kollegen reiche ich Schmidi, dem Maschinisten, den Tally nach vorne – eine Art persönliche Steckkarte, mit dem der Atemschutzeinsatz überwacht wird. Schmidi steckt die Tallys in die Atemschutzüberwachungsbox, die damit ähnlich wie eine Eieruhr aktiviert wird: Verschiedene Zwischenalarme erinnern den Maschinisten daran, über Funk den Druck in der Atemschutzflasche abzufragen und seinen Kollegen die verbleibende Einsatzzeit mitzuteilen. Auf diese Weise weiß er genau, welche Personen sich wo aufhalten: Ortsveränderungen werden über das Funkgerät bekannt gegeben. Es ist unsere Lebensversicherung, dass wenigstens der Maschinist zu jedem Zeitpunkt weiß, wo wir sind. Denn die Druckluft in meinem Atemschutzgerät reicht nur für einen begrenzten Zeitraum. Es gibt eine Pi-mal-Daumen-Rechnung: Eine Druckluftflasche reicht bei mittelschwerer Arbeit für 30 Minuten. Während des Einsatzes trägt der Maschinist die Atemschutzüberwachungsbox wie eine Handtasche bei sich und hat ein Auge auf die Zeitskala.

Geht ein Angriffstrupp in den Einsatz, wird ein zweiter Trupp bereitgestellt, der nichts anderes macht, als zu sichern: der sogenannte Sicherungstrupp. Man ist komplett für den Ernstfall gekleidet, Druckluftflasche und Maske sitzen. Und dann wartet man. Als Sicherungstrupp der Wache 7 war das im Moment unser Job. Im Idealfall kommt es zu keinem Einsatz. Wenn es beim Angriffstrupp Probleme gibt – etwa, wenn ein Kollege bewusstlos wird –, tritt der Atemschutznotfall ein, den wir unzählige Male trainiert haben. *Mayday, Mayday, Mayday* lautet die Funkmeldung eines Kollegen, der Hilfe für einen anderen ruft. Er nennt zudem seine Positionen, beispielsweise: »1.49.1, Anton, erster Stock rechts, bewusstloser Feuerwehrler. 1.49.1 Mayday, kommen.« 1.49.1 wäre in diesem Fall der Funkrufname des Fahrzeugs, Anton ist der Funkname des Angriffstrupps, der den Notruf absetzt und die Position meldet. Egal, was sonst noch geschehen mag, sobald ein *May-*

day erklingt, ist alles andere erst mal unwichtig. *Mayday* hat immer Priorität. Für uns würde das in der aktuellen Situation bedeuten: Wir gehen als Atemschutzrettungstrupp rein und holen den Kollegen raus.

Im Moment ist davon zum Glück keine Rede. Wir stellen uns darauf ein, eine Weile im Auto zu bleiben und zu warten. Das ist ziemlich unangenehm mit der Maske in der Montur. Man schwitzt und würde sich gern Luft verschaffen. Die Kollegen von der Wache 7 rollen Schläuche aus. Wir hören es klimpern, die Wasserversorgung wird aufgebaut, ein Hydrant gesucht. Endlich der Befehl: »Wasser marsch!« Mit einem platzenden Geräusch springen die vorher flachen Schläuche in Form, als das Wasser hineinströmt. Ein paar Schaulustige weichen bei dem Knall erschrocken zurück. Dann schauen sie wieder zur Hausfassade hoch. Flammen sind nicht zu erkennen, doch sehr viel Rauch. Dichte Schwaden. Vom Funk her weiß ich, dass die Fenster der betroffenen Wohnung fast ausschließlich in den Innenhof weisen. Dort hat es lichterloh gebrannt. Der weiße Rauch, der sich über dem Innenhof bald in den dunklen mischt, zeigt mir, dass die Kollegen die Brandstelle erreicht haben und mit vollem Einsatz löschen. Schließlich steigt weißer Rauch in den blauen Himmel, Wasserdampf. Selbstverständlich können Feuerwehrleute solche Rauchzeichen entschlüsseln. Wir nicken uns zu. Die Kollegen haben den Brand im Griff. Über Funk bestätigt sich dies: »Feuer in Gewalt.« Das ist eine gute Nachricht, erst recht in einem Wohnhaus mit mehreren Parteien.

Ein Beruf mit Risiken

Prinzipiell können uns folgende Gefahren an einer Einsatzstelle begegnen:
Viermal A:
Atemgifte, Ausbreitung, Atomare Gefahr, Angstreaktion
Einmal C:
Chemische Gefahr
Viermal E:
Elektrizität, Explosion, Einsturz/Absturz, Erkrankung

In der Einsatztaktik werden mit dieser Gefahrenmatrix alle Gefahren erfasst. Jeder Feuerwehrler hat sie verinnerlicht und trifft mit ihrer Hilfe seine Entscheidungen. Die Frage lautet stets: Wovon geht im Moment die größte Gefahr aus? Ist diese gebannt, widmet man sich der nächstgrößeren Gefahr und arbeitet so den gesamten Brand ab, immer nach der Vorgabe: Menschenrettung vor Brandbekämpfung. Sind genug Ressourcen vorhanden, kann beides gleichzeitig laufen. Im Idealfall kümmert sich das erste HLF um die Menschen, das zweite um den Brand.

Dieser Idealfall spielt sich vor unseren Augen ab, denn der Zug der Wache 7 ist komplett ausgerückt mit beiden HLFs. Immer mehr Schaulustige sammeln sich auf den Bürgersteigen. Daran sind wir gewöhnt. Ein Feuerwehreinsatz wirkt wie ein Magnet.

»Was ist passiert?«

»Wo brennt's denn, man sieht ja gar nichts.«

Häufig werden wir auch gefragt: »Ist das eine Übung?«

Viele wollen wissen, wie schlimm es ist. Wir möchten die Leute nicht anlügen. Aber wir können natürlich nicht alle Einsatzdetails preisgeben. Hin und wieder löscht ein Kollege die Wissbegier der Umstehenden mit Fantasie: »Da hat sich ein Elefant den Rüssel im Briefkasten verklemmt. Aber kein Grund zur Sorge, wir haben alles im Griff.«

Rechts an einem Drogeriemarkt stehen fünf Kindergartenkinder mit offenen Mündern. Die Kleinen sind oft hin und weg von unseren Feuerwehrautos. Die Ahs und Ohs scheinen ihnen regelrecht in die Gesichter graviert. Erwachsene telefonieren und fotografieren und simsen. Dabei können sie eigentlich nichts mitbekommen, weil es im Innenhof brennt. Trotzdem gibt es sehr viel zu sehen: 15 Fahrzeuge im Einsatz. Und das ist längst nicht alles, es folgen noch weitere fünf.

Die Polizei findet über das Melderegister heraus, wie viele Personen in dem Haus gemeldet sind. Je nach Uhrzeit kann man eine gewisse Anzahl zu Hause vermuten. Ein Brand zur Tageszeit ist »günstiger«, weil die meisten Leute in der Arbeit sind. Nachts ist die Wahrscheinlichkeit, dass Personen zu Schaden kommen, relativ hoch. Doch auch zur Tageszeit schickt die Leitstelle eine Rettungsdiensteinheit: drei Rettungswagen und einen Notarzt sowie den Einsatzleiter des Rettungsdienstes. Gut möglich, dass einige Rauchvergiftete versorgt werden müssen.

Eine Rauchvergiftung ist tückisch. Es kratzt erst nur ein bisschen im Hals. Nicht so schlimm? Vielleicht doch! Deshalb werden Verletzte bei bestimmten Symptomen für 24 Stunden im Krankenhaus beobachtet. Zu diesen Symptomen gehören Husten sowie Rußpartikel in Nase und Mund. Selbst wenn es den Betroffenen subjektiv gut geht, können sie sich eine Kohlenmonoxid- oder Blausäurevergiftung zugezogen haben. Die Giftstoffe können das Lungengewebe schädigen, was eine Weile dauert. Sollte sich ein toxisches Lungenödem entwickeln, findet kein Sauerstoffaustausch mehr statt zwischen Blut und Lungenbläschen. Diese sind nur durch eine dünne Wand voneinander getrennt. Da muss der Sauerstoff durchpassen. Ein Sauerstoffmolekül ist winzig, die Wand dünn und durchlässig. So gelangt beim gesunden Menschen Sauerstoff ins Blut, während das verbrauchte Kohlendioxid abtransportiert wird. Wird das sehr empfindliche Gewebe durch aggressive Substanzen im Rauch gereizt oder geschädigt, funktioniert dieser Austausch nicht mehr. Die Durchlässigkeit ändert sich, Blutplasma dringt ein, und es bildet sich ein toxisches Lungenödem. Der landläufige Ausdruck hierfür ist: Wasser in der Lunge. Schlimmstenfalls läuft die Lunge voll. Massive Atemnot tritt ein, und man bekommt rosigen Schaum vor dem Mund. Der Mensch stirbt durch innerliches Ertrinken.

Es genügt, als Schaulustiger nah am Brand zu stehen, um sich eine leichte Rauchvergiftung zuzuziehen. Das Kratzen im Hals und der Husten sind bereits die ersten Anzeichen dafür. Oft sind Schaulustige beleidigt, wenn wir sie auffordern wegzugehen. Wir wollen sie nicht ärgern, sondern haben gute Gründe. Rauch wird fast immer unterschätzt. Manchmal stehen uns die Schaulustigen aber auch im Weg.

Aufmerksam verfolgen wir vom Sicherungstrupp den Funkverkehr. Da herrscht reger Betrieb. Fahrzeuge melden sich an der Einsatzstelle, die Leitstelle fragt nach Informationen. Schließlich kommt die Rückmeldung von der Brandwohnung: Feuer aus.

Der Zugführer erteilt unserem Gruppenführer den Auftrag, die Wohnungen oberhalb der Brandwohnung auf Verrauchung und Personen zu kontrollieren. Endlich aus dem Wagen raus! Und endlich kommt ein bißchen Bewegung rein.

Unter den Klamotten ist uns sehr heiß. Alles, was vor Wärme schützt, macht auch warm.

Zu Beginn eines jeden Einsatzes gibt es eine kurze Chaosphase. Menschenrettung und Brandbekämpfung stehen im Vordergrund, aber es dauert eine Weile, bis man sich orientiert. Da fehlt die Zeit zu dokumentieren, wer wo wohnt, wer welche Schlüssel hat und ob alle Mieter ihre Wohnungen verlassen haben. Auf dieses Anfangschaos folgt die Ordnungsphase mit einem geregelten Ablauf. Hier sind wir nun angekommen, und hier wird unser Löschzug die anderen unterstützen. Folgende Fragen stehen jetzt im Mittelpunkt: Wie viele Verletzte gibt es? Wo haben sich diese aufgehalten? Wird jemand vermisst? Wenn ja, wo? Zwei Dutzend Bewohner warten bereits vor dem Haus, die Kollegen haben sie ins Freie gebracht, und einige werden vom Notarzt versorgt.

Die Brandursache interessiert uns nur am Rande, sie zu ermitteln ist Aufgabe der Polizei, die hierfür spezielle Beamte vom K13 schicken wird. Aber natürlich fällt uns hin und wieder etwas auf, was auch die Brandermittler später bemerken. Sie können selbst in einem ausgebrannten Raum erkennen, wo der Brand begonnen hat, ob Brandbeschleuniger verwendet wurden und vieles mehr.

Wenn noch Personen in den Wohnungen vermutet werden, sind wir nicht zimperlich. Da wird schon mal eine Tür gewaltsam geöffnet, nachdem wir nach Feuerwehrart geklopft haben: mit den Stiefeln oder Fäusten. Manche Menschen merken gar nicht, dass es in ihrem Haus brennt. Sitzen vor dem Fernseher, schlafen, haben ihre Kopfhörer auf, sind alt und desorientiert oder schwerhörig. Sollten wir den Hochleistungslüfter eingesetzt haben, ist es fast unmöglich, uns zu ignorieren. Dieses Gerät platzieren wir meistens an der Eingangstür. Es erzeugt einen Luftstrom und drückt den Rauch weg – noch nicht verrauchte Bereiche bleiben rauchfrei. Dies ist besonders wichtig, um die Sicht zu verbessern, gerade auch bezüglich der Flucht- und Rettungswege. Der Weg durch den Rauch kann schnell zum letzten Gang werden. Immer wieder geschieht es, dass Menschen ein Feuer länger nicht bemerken. Dann reißen sie die Wohnungstür auf. Was ist denn da los? Und schon stehen sie mitten im Rauch. Das ist lebensgefährlich! Die Flucht durch ein verrauchtes Treppenhaus vom vierten Stock ins Erdgeschoss kann tödlich enden. Die meisten Menschen haben Angst vor Flammen, nicht vor Rauch. Dieser Irrtum kann das Leben kosten.

Wir kontrollieren das Stockwerk über der Brandwohnung, weil über gekippte Fenster oder Verbindungen, die auf den ersten Blick nicht ersichtlich sind – Versorgungsschächte, schlecht schließende Türen oder Lüftungsrohre –, Rauch in andere Wohnungen gezogen sein könnte. Routinemäßig wird im Stock darüber und unterm Dach kontrolliert. Rauch sammelt sich oben, wenn er nicht abziehen kann.

Die Wohnungen in diesem Gebäude sind alle klein, meistens Appartements mit Vorraum und Bad, und leicht zu durchsuchen. Sobald wir eine Wohnung kontrolliert haben, markieren wir sie mit einer Flatterleine am Türknauf. Die Leine gehört zu den stets griffbereiten Feuerwehraccessoires. Manchmal kennzeichnen wir eine kontrollierte Wohnung auch mit Wachskreide. Unser Einsatz läuft schnell und routiniert ab. Tür auf, dann Vorraum, Bad und Wohnzimmer überprüfen – ist alles rauchfrei? Wir vergessen nicht, einen Blick unter Tisch und Bett zu werfen. Mancher Brand entsteht durch ein zündelndes Kind. Und das versteckt sich dann vielleicht, aus Angst vor Strafe. Auch Erwachsene können sich aus verschiedensten Gründen verstecken, wenn es einen Polizei- und Feuerwehreinsatz gibt. Wir wollen niemanden übersehen.

Plötzlich lautes Rufen. »Da liegt einer! Im Bad!«

Gerhard und ich lassen alles stehen und liegen und rennen in die gegenüberliegende Wohnung. Andreas und Roman haben den bewusstlosen Mann schon in den Flur gebracht. Er sieht nicht gesund aus. Blass und bläulich sein Gesicht. Vielleicht hat er ja geschlafen, vielleicht ein Schichtarbeiter. Der Einsatz läuft bereits seit mindestens einer halben Stunde. Das ist zu lang, viel zu lang für einen Menschen im Rauch. Wir bringen ihn schleunigst aus dem Gefahrenbereich. Der Notarzt kommt in einem solchen Fall nicht zum Patienten, sondern der Patient zum Notarzt. Crashrettung nennt man so etwas. Hauptsache raus. Wie auch bei einem Unfall, wenn jemand im brennenden Auto sitzt. Raus in den sicheren Bereich. Andreas und Roman tragen den Bewusstlosen ins Erdgeschoss. Gerhard und ich räumen ihnen den Weg voller Stolperfallen in Form von Schläuchen frei. Dann suchen wir die restlichen Wohnungen ab. Zum Glück finden wir keinen zweiten Bewusstlosen. Als wir das Haus komplett abgesucht haben, ist der Einsatz für uns beendet. Die Kollegen werden die Nachlöscharbeiten durchführen und die kaputten Türen notdürftig reparieren.

Ich will gerade in das HLF steigen, da rennt eine Frau mit einem Einkaufskorb schreiend auf das Haus zu. Unterwegs lässt sie den Korb fallen. Äpfel, Tomaten und Kiwis rollen auf die Straße. Die Frau läuft weiter. Einige Passanten heben das Obst auf und stehen dann ratlos herum. Aus dem Haus hört man es weiterschreien.

»Pack ma's«, sagt unser Gruppenführer.
»Schmidi, bring uns heim.«
»Aber auf'm direkten Weg!«

Heim, denke ich. Während eines Wachtages ist die Hauptfeuerwache unser Daheim. Danach haben wir alle ein zweites. Das private. Und wenn das Feuer es gefressen hat, ist alles mit einem Mal weg. Möbel, Klamotten, Bücher, Fotos, CDs. Liebesbriefe, Zeugnisse, Versicherungsunterlagen, Kontoauszüge. Die ganze Existenz gelöscht. Was das Feuer nicht zerstört, zerstört der Rauch. Der stinkt entsetzlich. Nicht bloß in der Brandwohnung, sondern auch in den Nachbarwohnungen muss manchmal sehr viel weggeworfen werden. Die giftigen Rauchgase werden gespeichert und gasen nach und nach aus. Deshalb ist es nicht ungefährlich, solche Wohnungen zu betreten. Leider richtet auch die Feuerwehr beträchtlichen Schaden an: Wasser kommt überall hin. Ein Feuer zu löschen bedeutet gleichzeitig, einen Wasserschaden zu hinterlassen.

An die Frau mit dem Korb denke ich in den nächsten Stunden noch oft. Ich weiß nicht, ob sie den – wie wir mittlerweile erfahren haben – Toten gekannt, vielleicht sogar in einer Wohnung mit ihm gewohnt hat. Und ich will es auch nicht wissen. Ich will meinen Job machen, so gut ich kann, und Punkt. Wenn ich meine Feuerwehrklamotten ausziehe, ziehe ich damit auch die Schicksale der Menschen aus, die ich an einem Wachtag gestreift habe. Das ist wichtig. Wir Helfer müssen einen kühlen Kopf bewahren. Wir sind ja auf Notfälle vorbereitet. Ein Feuer trifft uns nicht überraschend. An einem Wachtag gehen wir zum Dienst in der Gewissheit, dass schreckliche Dinge passieren können. Wir rechnen damit. Wenn dann der Alarm kommt, haben wir auf dem Weg zum Einsatzort noch einmal Zeit, uns gezielt vorzubereiten. Ein Bewusstloser, ein Feuer, ein zwischen Eisenträgern eingeklemmter Mensch. Nichts trifft uns aus heiterem Himmel. Und es betrifft uns nicht so wie die beteiligten Personen. Wir sind nur die Helfer und haben gelernt, mit Extremsituationen umzugehen. Wie es sich anfühlt, von einem Unglück überrascht zu werden, erlebte ich vor einigen Jahren. Ich war so durcheinander, dass ich im ersten Moment nicht mal mehr die Nummer der Feuerwehr wusste.

Der Badeunfall

Es war ein strahlender Sommertag. Mein damaliger Freund Thorsten, wir waren seit einigen Jahren zusammen, hatte seine zwei Jungs im Alter von 6 und 8 Jahren übers Wochenende bei sich. Und ich hatte frei. Super! Wir beschlossen, baden zu gehen. Wie zu erwarten, waren wir nicht die Einzigen, die an diesem Samstagvormittag auf diese Idee gekommen waren. Doch wir waren zeitig unterwegs und ergatterten einen schönen Platz am Wasser in der Nähe des Stegs. Thorsten blies die Luftmatratze auf, ich die Schwimmflügel, obwohl Tim und Michl beide schwimmen konnten. Aber mit den Schwimmflügeln an den Jungsarmen fühlten wir uns sicherer, da konnten wir uns mal unterhalten, ohne ständig zum Ufer zu starren. Außerdem hatte ich ein sehr spannendes Buch dabei. Tim und Michl waren sehr erfindungsreich darin, mich abzulenken und schließlich zum Wasser zu locken. Das Blöde war, dass man dort reingeschubst werden konnte. Man rechnete überhaupt nicht damit, und schon holten die kleinen Kerle Anlauf und – platsch! Ich zahlte es ihnen mit gleicher Münze heim, was die zwei noch mehr begeisterte. Je höher, desto toller. Das pure Glück leuchtete mir aus ihren Gesichtern entgegen. Und wahrscheinlich sah ich genauso aus. Was Thorsten nicht bemerkte. Er hatte ebenfalls ein spannendes Buch dabei und war völlig versunken. Dreimal musste ich ihn rufen, ehe er versprach, mich abzulösen. »Ich hole uns vorher nur noch einen Kaffee vom Kiosk an der Straße.«

»Eis, Eis, Eis!«, verlangten die Jungs.

»Am Nachmittag«, versprach Thorsten, steckte sein Portemonnaie in die Shorts und machte sich auf den Weg.

»Ich, ich, ich!«, rief Michl und sprang an mir hoch.

»Ich bin dran!«, widersprach Tim.

»Einer nach dem anderen«, seufzte ich. Mir taten schon die Schultern weh. Aber natürlich würde ich bis zur Ablösung durchhalten.

Plötzlich tauchte ein kleines Mädchen vorne am Steg auf und streckte mir die Arme entgegen.

»Du musst da weg«, sagte ich, »die Jungs springen rein.«

Großäugig schaute sie mich an. Ich zog sie hoch. Vielleicht wollte sie auch mal ins Wasser geworfen werden? Am Steg blieb sie zwei, drei Sekunden starr stehen, lief dann zur Wiese – und fiel um. Was war denn das? Besorgt kniete ich mich neben sie.

»Was ist mit dir?«

Sie atmete heftig. Sagte kein Wort.

»Alles okay?«

»Meine Schwester ist drei Jahre alt. Sie ist im Wasser und kann nicht schwimmen. Ich wollte sie retten.«

So ein Quatsch, dachte ich spontan. Dann sickerte die Antwort durch. Ich bekam einen Schreck. »Was hast du gesagt?«

Das kleine Mädchen, es war vielleicht fünf, wiederholte denselben Text. Der ließ bei mir die Alarmglocken klingen und klang wie ein Alarm-Gong. Ich schnellte hoch, lief zum Steg, schaute auf den See – und da sah ich es. Ein kleines Kind trieb auf dem Wasser, Gott sei Dank, mit dem Gesicht nach oben. Dies sehen und springen war eins. Nie zuvor war ich so schnell gekrault, dennoch schien sich der Abstand ständig zu vergrößern. Endlich war ich bei dem Kind. Ich streckte meine Hände aus, doch ich bekam es nicht zu fassen. Es fühlte sich wie ein Fisch an, glitschig und schwer. Als wöge es hundert Kilo. Ganz anders, als ich es bei der Wasserwacht trainiert hatte. Der Rettungsschwimmer ist Bestandteil der Feuerwehrgrundausbildung. Wer den nicht besteht, wird nicht übernommen. Theoretisch wusste ich sehr genau, was ich zu tun hatte: Das Mädchen auf den Rücken legen, es zu mir auf die Brust ziehen. Ich hatte das oft geübt, und es hatte immer geklappt. Doch dieses kleine Mädchen glitschte mir weg. Und als ich sie endlich irgendwie hatte, drückte sie mich schwer nach unten. Ich war sicher: Ich zog ein totes Kind an Land. Entsetzlich. Irgendwie schaffte ich es, den Steg zu erreichen, wo sich mir helfende Hände entgegenstreckten. Michl und Tim hatten laut um Hilfe geschrien. Thorsten war noch immer beim Kiosk.

Die Helfer legten das Kind ins Gras, es fühlte sich an wie eine Puppe aus Stoff. Mein Herz raste. Ich konnte nicht denken. Was tun, was tun? Stabile Seitenlage. Das Mädchen hustete und spuckte Wasser. Ich atmete auf. Doch nicht lang. Hier stimmte etwas nicht. Das Kind reagierte nicht adäquat. Es hätte schreien müssen. Wenn ich mit dem Kindernotarzt zu einem Einsatzort komme und wir an der Tür ein Kind schreien hören, von dem es im Alarmschreiben hieß, es sei bewusstlos, sind wir erleichtert. Schreien ist gut. Auch dieses Mädchen hier sollte schreien, nachdem es gehustet hatte. Aber es gab keinen Laut von sich. Hatte keine Körperspannung, machte keinen Ton, reagierte nicht auf Ansprache.

»Schnell, lauft zum Kiosk, der Papa soll den Notarzt rufen, schnell!«, schickte ich Tim und Michl los. Ich hoffte, am Kiosk gäbe es vielleicht Handyempfang. Der See befand sich im Funkloch, wie die Umstehenden einer nach dem anderen bestätigten, die versuchten, einen Notruf abzusetzen. Als Feuerwehrmann würde Thorsten den Ernst der Lage auch aus der Entfernung erkennen.

Die Zeit stand still. Ich fühlte mich völlig hilflos. Mir fehlte alles. Ein Handy, ein Notarztwagen, meine Ausrüstung. Und vor allem fehlte mir die Vorbereitung. Damit hatte ich nicht gerechnet. Das hatte mich jetzt kalt erwischt. Es war keine Routine. Ich war ein ganz normaler Badegast. Dauerte es zwei Minuten oder 20, oder waren es doch zwei Stunden, bis der Hubschrauber kam, den Thorsten angefordert hatte? Wir konnten nicht herausfinden, was mit dem kleinen Mädchen los war, immerhin atmete es. Wir hätten dringend wissen müssen, wie die Sauerstoffsättigung im Blut aussah, wir hätten so vieles dringend tun müssen, wenn wir die nötigen Hilfsmittel zur Hand gehabt hätten. Gerade mal warm halten konnten wir die Kleine. Ihre Lippen waren blau.

»Bitte, bitte, bitte«, flehte die Mutter der kleinen Liane ihr Kind an.

»Liane«, brüllte die große Schwester ihr mehrfach ins Ohr.

Was mich zuerst befremdet hatte, erleichterte mich, als die Mutter uns mitteilte, dass Liane schwerhörig sei und ihr Hörgerät zu Hause vergessen habe. War das eine Erklärung für das seltsame Verhalten des Kindes?

Das Bullern des Hubschraubers empfand ich als Erlösung. Als er abgeflogen war, packten wir unsere Sachen zusammen. Ich fühlte mich wie im Nebel. Dieser Zustand hielt an bis zum

Abend, als wir erfuhren, dass es Liane gut ging. Zu unserer großen Freude hörten wir am nächsten Tag, dass sie das Krankenhaus gesund und munter verlassen hatte.

Dieser Badeunfall ging mir noch lange nach. Es beschäftigte mich, dass niemand den Notfall erkannt hatte. Es waren mindestens zehn Leute am Ufer gewesen. Auch an meiner eigenen Hilflosigkeit kaute ich schwer. Dieser Tag am See hat mein Verständnis für die Menschen, die uns Notfallretter rufen, vertieft. Ich habe eindrucksvoll erkannt, dass es einen gravierenden Unterschied zwischen der Feuerwehrfrau und der Privatperson Manuela Wedel gibt.

Fit für die Feuerwehr

Die Feuerwehrfrau Manuela jedenfalls hat jetzt erst mal Dienstsport. Der findet an jedem Wachtag zwischen 15:30 und 17:00 Uhr statt, vorbehaltlich eines Alarms.

Jeder Feuerwehrler muss in einem bestimmten Rhythmus eine arbeitsmedizinische Untersuchung, G 26.3, bestehen, sonst ist er nicht mehr einsatzdiensttauglich. Bis zum 50. Lebensjahr findet die Untersuchung alle drei Jahre statt, danach jährlich. Wer den Test nicht besteht, kann ihn wiederholen. Regelmäßiger Dienstsport sorgt für Kondition, und die braucht der Feuerwehrler bei seiner schweren körperlichen Arbeit. Allein die Ausrüstung für den Innenangriff wiegt zirka 25 kg. Man läuft mit der kompletten Ausrüstung vielleicht nachts um drei in den vierten Stock durchs Treppenhaus. An der Wohnungstür angekommen, geht die eigentliche Arbeit erst los. Je nachdem, was man vorfindet, müssen schwer verletzte Menschen nach unten getragen werden. Die wiegen, wenn man Glück hat, bloß 60 Kilogramm, vielleicht aber auch 70, 80 oder 90. Vier Stockwerke runter. Nachts um drei in einer Extremsituation, heiß unter den Klamotten und dazu 25 Kilogramm Ausrüstung auf dem Buckel. Das führt in den Grenzbereich der körperlichen Leistungsfähigkeit. Wer fit ist, regeneriert nach solchen Einsätzen schneller. Das ist sehr wichtig, denn Schichtdienst ist ja nicht gesund. Außerdem dient der Sport der psychischen Erholung. Wenn ich auf meiner Joggingstrecke unterwegs bin, laufe ich mir auch den Kopf und das Herz frei. Und ich bereite mich auf die nächste Untersuchung vor, bei der ein Belastungs-EKG vorgeschrieben ist. Von mir werden momentan als Mindestanforderung 2,5 Watt pro Kilogramm Körpergewicht Leistung erwartet, ohne eine Pulsfrequenz von 170 Schlägen pro Minute zu überschreiten. Selbstverständlich schaffe ich mehr, sonst würde ich ja nur ein ausreichend erhalten, und damit gebe ich mich nicht zufrieden!

Beim Dienstsport hat jeder seine Vorlieben. Die einen bevorzugen Fußball, andere gehen schwimmen, spielen Volleyball, powern sich am Crosstrainer aus oder biegen Eisen im Kraftraum. Egal, um was es geht, egal, wie nass geschwitzt oder wie durstig man ist: Wenn der Alarm losgeht, wird alles stehen und liegen gelassen. Angenehmer ist es natürlich, wenn wir nach dem Dienstsport duschen können und es ruhig bleibt, sodass wir uns allmählich auf das Abendessen vorbereiten. Das findet zwischen 18 und 18:45 Uhr statt. Zu diesem Zeitpunkt sind wir schon fast 12 Stunden im Dienst. Halbzeit.

Die Einsätze in der Nacht unterscheiden sich nicht von denen am Tag, fühlen sich aber komplett anders an. Die Stadt wechselt ihre Kleidung. Tagmenschen verlassen ihre Büros, gehen nach Hause. Nachtschwärmer breiten sich aus in der

Innenstadt. Die Hauptfeuerwache liegt mitten in einem beliebten Szeneviertel Münchens. Ich muss also nicht ausgehen, die anderen kommen zu uns. Gerade an den ersten warmen Frühlingsabenden zieht es die Nachtschwärmer hinaus. So auch an diesem lauen Aprilabend.

Licht – Gong: Grünwalder Straße, Ecke Wettersteinplatz
Feuerwache 1 der Inspektionsdienst, der Zug, Feuerwache 5 der Rüstwagen, Verkehrsunfall, Person eingeklemmt

»Wir fahren zu dir«, rufe ich in der Fahrzeughalle meinem Kollegen Peter zu und schlüpfe in die Stiefel.

»Wie zu mir?«

»Du bist doch der Grünwald zwei.«

»Ich bin Peter der erste«, stellt er richtig.

Eine Antwort muss ich ihm schuldig bleiben, denn unser heutiger Maschinist Benedikt startet bereits den Wagen.

Zu Unfällen werden wir oft gerufen. Im Innenstadtbereich handelt es sich meistens um Blechschaden, und die Aufgabe der Feuerwehr besteht zum einen in der Verkehrsabsicherung, zum anderen in der Aufnahme ausgetretener Betriebsstoffe wie Öl, Kühlerwasser und Benzin, die nicht in die Kanalisation gelangen sollen. Öl und Benzin bzw. Diesel führen auf der Straße zu einem Schmierfilm, der besonders für Motorradfahrer eine Gefahr darstellt. Ölbindemittel erinnert an Katzenstreu: ein saugfähiges Granulat, das nach Ausbringung mit einem Besen zusammengekehrt und dann entsorgt wird. Manchmal wundern sich Autofahrer, dass die Warnschilder »Ölspur« tagelang aufgestellt bleiben. Ist eine ehemalige Unfallstelle tatsächlich so lange gefährlich, oder ist das Formular, das die Kollegen vom Baureferat an die Abholung des Schildes erinnert, unter die Räder gekommen? Das kann schon mal passieren in einer großen Stadt wie München, wo täglich viele Ölwarnschilder benötigt werden.

Zu unseren Aufgaben bei Unfällen gehört es in Absprache mit der Polizei auch, Blut von der Straße zu spritzen, ehe es festtrocknet oder, im Winter, festfriert.

Im Stadtverkehr gibt es selten spektakuläre Unfälle, was an der Geschwindigkeit liegt. Bei Tempo 50 bis 60 entfalten sich keine solchen Kräfte wie bei Autobahnunfällen oder auf Landstraßen. Dennoch sind noch immer zu viele Verkehrsunfälle zu verzeichnen, in den letzten Jahren vermehrt mit Fahrradfahrern. Autofahrer übersehen Fußgänger oder Fahrradfahrer, Fahrradfahrer übersehen Fußgänger oder kollidieren miteinander. Wenn Unfälle nachts geschehen, sorgen wir für Licht, damit die Helfer nicht im Dunkeln tappen. Und natürlich öffnen wir Autos – auf Feuerwehrart, also ohne Schlüssel. Dazu haben wir verschiedene Werkzeuge an Bord.

Ein altes Auto könnte man theoretisch mit einem Dosenöffner aufmachen. Je moderner das Fahrzeug ist, desto mehr unterschiedliche Materialien sind verbaut. Von hochfesten Metallen über Aluminium und Magnesium bis hin zu Kohle- und Glasfaser. Das Problem sind manchmal die Sicherheitseinrichtungen. Was den Insassen das Leben retten soll, kann die Feuerwehr vor Probleme stellen. Ein Airbag löst in Sekundenbruchteilen aus. Die wenigsten Menschen machen sich Gedanken darüber, wie das funktioniert: mithilfe einer Sprengladung. Wenn der Airbag bei einem Unfall nicht ausgelöst hat, besteht die Gefahr, dass es nachträglich zur Auslösung kommt. Zum Beispiel, wenn die Feuerwehr bei der Rettung einer im Fahrzeug eingeklemmten Person in die Auslöseeinrichtung des Airbags schneidet. Schön wäre es, wenn die Sprengladungen für die Airbagauslösung in allen Autos an denselben Stellen zu finden wären. Leider ist dem nicht so. Je nach Marke und Ausstattungsmerkmal befinden sich unterschiedlich viele Airbags an verschiedenen Stellen. Bekannt ist der Airbag im Lenkrad und am Armaturenbrett. Es gibt allerdings auch welche im Sitz, in den Türen und an weiteren Orten. Auch in Gurtstraffersysteme sollte die Feuerwehr besser nicht schneiden, ebenso wenig wie in Gasdruckdämpfer im Kofferraum. Für Fahrzeughersteller ist die Sicherheitsausstattung ein wichtiges Kriterium in der Bewerbung ihrer Produkte. Um hier auch wirklich sicher zu fahren, empfiehlt sich die Rettungskarte, auf der alle relevanten Sicherheitsvorrichtungen markiert sind. Im Internet kann man diese Karte unter www.rettungskarte.de für sein Auto herunterladen, ausdrucken und sie hinter der Sonnenblende des Fahrersitzes anbringen.

In den ADAC-Geschäftsstellen erhält man einen passenden Aufkleber für die Windschutzscheibe, sodass die Feuerwehr sofort sieht, dass sich an Bord eine Rettungskarte befindet. Die Feuerwehr möchte auch gerne wissen, wo Batterien verbaut sind, von denen es in modernen Fahrzeugen mehr als nur eine im Motorraum gibt. Und natürlich sind für uns die unterschiedlichen Materialien im Fahrzeug interessant. Auch ein Motorblock aus Magnesium kann brennen. Ein Metallbrand von Magnesium wird zirka 3000 Grad Celsius heiß. Das kann man nicht mit Wasser löschen, denn ab zirka 1500 Grad spaltet sich Wasser in seine Bestandteile: Wasserstoff und Sauerstoff. Das Löschen mit Wasser würde also den Brand fördern und könnte zu einer Knallgasexplosion führen. In einer solchen Situation hilft nur Löschpulver oder trockener Sand. Erschwerend kommt in letzter Zeit hinzu, dass Fahrzeuge mit verschiedensten Antrieben unterwegs sind. Die Frage ist nicht mehr Benzin oder Diesel, sondern zusätzlich Wasserstoff oder Gas oder Elektro? Letztere fahren große Batterien durch die Gegend. So lange die brav ihren Dienst verrichten, entstehen keine Probleme. Aber wenn es mal funkt, liegen Spannungen bis zu 750 Volt an. Wobei die Spannung eigentlich gar nicht so sehr das Problem ist, sondern die Stromstärke. Ein Weidezaun hat schließlich bis zu 10 000 Volt Spannung, aber es fließt nur sehr wenig Strom hindurch – die Stromstärke ist also kaum der Rede wert. Deshalb überlebt auch jeder die Mutprobe hinzulangen: Der Stromschlag, den man sich an dem Zaun holt, ist nur ein kurzer Spannungsimpuls, der sich sofort wieder abbaut. Gefährlich wird es erst bei höheren Stromstärken, mit denen es etwa S-Bahn-Surfer zu tun bekommen: In Verbindung mit der hohen Oberleitungsspannung wird bei einem Kurzschluss sehr viel Energie frei, und dabei wird es sehr heiß, sodass Gewebe verkocht und verkohlt.

Auch bei Verkehrsunfällen steht die Eigensicherung an erster Stelle, das heißt: Verkehrsabsicherung! Und selbstverständlich legen wir modisch einen glänzenden Auftritt auf den Asphalt mit Einsatzüberjacken plus nachtleuchtenden und reflektierenden Streifen. Allerdings stellt unsere Einsatzkleidung immer einen Kompromiss dar. Es wäre technisch durchaus möglich, Kleidung zu entwickeln, mit der die Feuerwehr im Feuer stehen könnte, nur leider würde sie dann nicht mehr durchs Feuer gehen können, weil man nicht mehr fähig wäre, sich darin zu bewegen. Durch den Hitzestau in den Klamotten würde sich der Körper zudem derart aufheizen, dass es zu Kreislaufproblemen kommen könnte. Die Einsatzkleidung ist immer ein Streitthema. Aus eigener Erfahrung weiß ich, dass es falsch ist, wenn behauptet wird, Männer würden sich kaum für Klamotten interessieren!

Bei Fernsehserien wie *Alarm für Cobra 11* lernen wir, dass ein Auto nach einem Unfall schneller explodiert, als man sich eine Tüte Chips aus der Küche holen kann. Viele speichern daher ab: Bloß weg! Da kann man nur hoffen, dass andere diese einschlägigen Fernsehserien nicht verinnerlicht haben, wenn wir selbst mal verletzt in einem Fahrzeug sitzen sollten. Sogar wenn der Motorraum brennt, dauert es bis zu 15 Minuten, ehe das Feuer auf den Fahrgastraum übergreift – und den Tank erreicht, der sich ja meistens hinten befindet. Brennen heißt auch nicht explodieren wie im Fernsehen. Und Rauch bedeutet nicht zwangsläufig Feuer: Oft ist es Kühlerwasser, das austritt, auf heiße Motorteile läuft und verdampft. Schaut eindrucksvoll aus, ist aber harmlos. In der Regel hat man genug Zeit, eine verletzte Person in Sicherheit zu bringen. Bis die Feuerwehr am Unfallort eintrifft, ist es jedoch manchmal wirklich zu spät.

Die zweite Angst nach der Explosionsgefahr betrifft die Sorge, den Verletzten zu verletzen. Also lieber gar nichts machen als was Falsches. Es genügt eigentlich, sich in der eigenen Vorstellung einmal kurz in die Situation eines Verletzten zu versetzen, dann löst sich dieses Missverständnis: Natürlich will jeder, dass ihm geholfen wird. Und wenn es dabei zu einer Verschlimmerung kommen sollte, was äußerst selten geschieht, ist das noch immer besser, als – im schlimmsten Fall – bei lebendigem Leibe zu verbrennen oder an Erbrochenem zu ersticken, oder?

Besonders Motorradfahrer leiden unter solchen falschen Annahmen. Nein, es stimmt nicht, dass man einem verunfallten

Motorradfahrer auf keinen Fall den Helm vom Kopf ziehen darf, weil sonst der Kopf ab ist. Der Helm muss runter, wenn der Verunfallte ohnmächtig ist. Er stirbt sonst nicht an seiner eventuellen Rückenverletzung, sondern erstickt an seiner eigenen Zunge oder Erbrochenem, wenn niemand ihn in die stabile Seitenlage dreht. Die regelmäßige Auffrischung eines Erste-Hilfe-Kurses sollte für jeden Menschen eine Selbstverständlichkeit sein. Wäre es nicht ein gutes Gefühl, wenn man wüsste, dass alle anderen Verkehrsteilnehmer sich ebenso gut zu helfen wissen wie man selbst, und dass man, egal wo, auf kompetente Hilfe zählen kann? Ja, die kriegen Sie auch von der Feuerwehr. Doch trotz Blaulicht und Martinshorn: Fliegen können wir nicht.

Vom Corsa zum Cabrio

In der Grünwalder Straße ist ein Opel Corsa mit einem BMW X6 zusammengestoßen. David und Goliath. Während die Fahrerin des BMW unverletzt neben einem Polizisten steht, ist der Fahrer des Corsa in seinem Wagen eingeklemmt, zum Glück bei Bewusstsein. Ein Kollege von der Rettungswagenbesatzung spricht mit ihm. Das ist sehr wichtig. Eine Person muss mit dem Verletzten Kontakt halten, sich ein möglichst genaues Bild von seinem Zustand verschaffen und ihm erklären, was als Nächstes passiert, um ihm ein Gefühl von Sicherheit zu vermitteln. Diese Kontaktperson soll nicht wechseln. Ihr Job ist es darüber hinaus, den Einsatzleitern Rückmeldung zu geben, ebenso wie die Einsatzleiter den Kontaktpersonen mitteilen, was als Nächstes geschieht, damit sie es an den Verletzten weitergeben können. Um sich ein Bild über den Zustand des Verletzten zu machen, muss man ihn nicht ausfragen. Zahlreiche Informationen erhält man oft schon nebenbei:

»Ich heiße Werner Müller und wollte nur schnell in die Gärtnerei, für meine Frau Petunien, schwarzäugige Susanne, Edelgeranien, Verbene kaufen. Sie ist gerade dabei, den Balkon zu bepflanzen.«

Dieser Mann weiß, wer er ist und wo er ist, er hat realisiert, was passiert ist, es gibt Familienangehörige, und er ist neurologisch nicht auffällig. Er bekommt genug Luft, da er sprechen kann. Wie sieht er aus? Ist er auffallend blass, schwitzt er, sind die Lippen blau? Das würde auf einen Schock hinweisen. Und was sagt der Puls? Wenn er am Handgelenk tastbar ist, kann man von einem Druck von mindestens 80 mm Quecksilbersäule (Hg) ausgehen.

Ein Verletzter bei Bewusstsein kann Angaben zu seiner Befindlichkeit machen. Wo tut es weh, was kann er bewegen und was nicht? Dies sind wichtige Informationen für die Rettungskräfte, die auch das weitere Vorgehen bestimmen. Die Polizei dagegen ist nicht auf die Aussage des Verletzten angewiesen, um manche Informationen zu erhalten. Hämatome oder Blutergüsse verraten, ob ein Gurt angelegt war – wie auch die Stelle, wo der Gurt aus der Führung im Fahrzeug oben austritt. War er beim Unfall angelegt, ist der Gurt dort verfärbt.

Je nachdem, wie gravierend jemand in einem Fahrzeug eingeklemmt ist, beeinflusst das die Schwere seiner Verletzungen. Manchmal ist nur der Fußraum ein wenig komprimiert. Ein Vorderfuß hängt unter einem Pedal, vielleicht ist nicht mal ein Zeh gebrochen. Man kann sich jedoch auch die Hüfte brechen bei einem Auffahrunfall, den man in Sekundenbruchteilen kommen sieht. Man spannt den ganzen Körper an, tritt mit aller Kraft auf die Bremse, und die Kraft des Aufpralls überträgt sich vom Fuß bis in die Hüfte. Oft haben Verunfallte nur leichte Verletzungen und können das Fahrzeug trotzdem nicht verlassen, weil sich die Türen nicht öffnen lassen. In solchen Fällen spricht man nicht von eingeklemmten, sondern von eingeschlossenen Personen.

»Wir machen eine schonende Rettung«, erfahren wir von unserem Gruppenführer, der sich mit dem Notarzt besprochen hat. Der Verletzte hat Schmerzen in der Brustwirbelsäule, seine Beine sind frei. Um ihn wirbelsäulenschonend zu retten, müssen wir den Corsa in ein Cabrio verwandeln: das Dach abnehmen. Es besteht keine Gefahr im Verzug, wir haben also Zeit für diese achsengerechte Maßnahme. Selbst wenn wir die Türen des Corsa hätten öffnen können: Wir müssten den Verletzten bewegen und drehen, um ihn herauszubekommen. Bei der achsengerechten Rettung schieben wir den Fahrersitz dagegen so weit nach hinten, dass wir den Verletzten auf ein Spineboard legen können, das wir zwischen Rücken und Lehne positionieren. Dann fassen wir ihn rechts und links unter den Achseln und heben ihn vorsichtig an, während ein Kollege das Rettungsbrett positioniert. Alles kein Problem, sobald das Dach unten ist. Das Auto kann man nach einer solchen Operation natürlich verschrotten. Aber das spielt keine Rolle, solange diese patientenschonende Rettung möglich ist.

Eine Crashrettung sieht anders aus. Da geht es nur um eins: Raus, und zwar schnell! Bei der Crashrettung steht das nackte Überleben im Vordergrund. Da wird die eventuelle Rückenverletzung hintangestellt. Alles oder nichts. Die medizinische Verantwortung trägt stets der Notarzt.

Mittlerweile haben wir den Verkehr abgesichert. Jürgen stellt sich mit dem Schnellangriff – einem 30 Meter formstabilen Schlauch, ähnlich einem Gartenschlauch, nur dicker – und einem Feuerlöscher in die Nähe des Corsa. Es sieht zwar nicht so aus, als würde es zu einem Brand kommen, doch diese Sicherungsmaßnahme ist unser Standardvorgehen.

Ein Auto ist so konstruiert, dass es sich bewegen kann. Reifen, Federn und viele andere Vorrichtungen gleichen Bodenwellen aus. Was für Fahrkomfort sorgt, stört jedoch unseren Einsatz. Denn jede Bewegung des Fahrzeugs würde sich auf den Verletzten übertragen. Selbst wenn ein Notarzt zusteigt oder sich jemand auf den Beifahrerplatz setzt, entsteht Bewegung am Auto. Deshalb blockieren wir die Bewegung, indem wir mit Unterbauten sämtliche Federwege außer Kraft setzen. Für diese Zwecke haben wir zwei Sätze Unterbaumaterial in Form von Holzklötzen an Bord.

»Dach abnehmen«, weist uns der Gruppenführer an, und wir von der Mannschaft legen den hydraulischen Rettungssatz bereit: schweres technisches Gerät, mit dem sehr hohe Kräfte aufgebracht werden können. Unsere hydraulische Rettungsschere trennt auch ein Stahlrohr aus 4 cm Vollmaterial. Es erfordert Kraft, die Schere zu halten, sie wiegt 13 Kilogramm. Ein solcher Einsatz ist laut, da Schere und Spreizer über ein Aggregat betrieben werden, das Strom für die Hydraulikpumpe herstellt.

Bevor das Dach des Corsas abgenommen werden kann, muss die Windschutzscheibe raus, und dazu wird sie oben mit einer Glassäge durchtrennt. Früher war das praktischer als heute. Beim Golf 2 beispielsweise brauchte man nur das Gummidichtband herauszuziehen, schon kam einem die Scheibe entgegen. Die Windschutzscheibe besteht bei Autos nicht aus Fenster-, sondern Verbundglas mit einer Folie in der Mitte. Selbst wenn etwas auf die Scheibe schlägt, springt sie nicht in tausend Stücke. Die Splitter kleben auf der Folie. Der Verletzte erhält selbstverständlich einen Gesichtsschutz, bevor wir die Windschutzscheibe entfernen.

Eine Rettungskarte ist nicht vorhanden. Der Gruppenführer markiert die Schnittpunkte an der A-, B- und C-Säule mit einem pinkfarbenen Lippenstift. Wir kleben die Seitenscheiben mit Paketklebeband ab und nehmen sie mit einem Federkörner heraus.

»Fertig zum Schneiden«, melde ich dem Gruppenführer, was er an den Betreuer des Verletzten weitergibt, der nun bereits einen Helm trägt. Einige Minuten später hat sich der Corsa in ein Cabrio verwandelt. Einen TÜV wird er so nicht mehr bestehen, aber sein Fahrer schafft den Ausstieg und wird sofort ins Krankenhaus gebracht. Der Notarzt teilt unsere Einschätzung, dass die Verletzung zum Glück wohl nicht so schwer sei. Neurologische Ausfälle wie Taubheit in den Beinen sind nicht vorhanden. Das ist ein gutes Zeichen. Sicher kann man das allerdings immer erst nach den Untersuchungen in der Klinik wissen.

Wir streuen Ölbinder, kehren Glasscherben zusammen und warten, bis die Polizei die Unfallstelle freigibt. Wenn jemand zu Tode kommt, dauert es länger, weil wir auf den Staatsanwalt warten müssen. Fotografieren und mit dem Rädchen abfahren geht schneller. Doch noch lange nicht schnell genug für manche ungeduldigen Autofahrer, die ihre Hupen einem Dauertest unterziehen.

Wir steigen ins HLF.

»Habt ihr den Funkspruch mitgekriegt?«, fragt Kare.
»Was denn jetzt schon wieder?«, fragt Christian 13.
»Wir haben einen Folgealarm«, lässt Kare uns wissen.
»Oh ne.« Christian 2 will lieber heim.
Kare grinst. »In der Zweibrückenstraße müssen wir dringend ein Kühlaggregat kontrollieren. Da gibt es wohl Probleme.«
»Beni, gib Gas!«
Leider ohne Blau, denke ich und freue mich auf Malaga und Nugat in der Waffel an unserer Lieblingseisdiele.

Allein unter Männern

Die Jungs sticht der Hafer. Eigentlich sticht der immer. Aber im Frühling ist es manchmal besonders schlimm. Die Luft um mich herum ist Tag und Nacht testosterongeschwängert, im Frühling mindestens mit Zwillingen. Und jede Blondine, jeder Minirock und jeder tiefe Ausschnitt, der vom HLF aus noch bessere Aussichten bietet, lässt ein neues Wölkchen aufsteigen. Gespräche brechen mitten im Satz ab. Alle starren. Ich hab mich dran gewöhnt. Und kann mich nicht beklagen. Ich werd ja auch angestarrt. Aber nicht von meinen Kollegen und nicht wegen meiner langen Beine oder meines Ausschnitts, sondern wegen meines gelben Helms und der Jacke mit der Aufschrift *Berufsfeuerwehr München.*

»Wie hältst du diese Typen bloß aus?«, fragt meine Freundin Burgi mich immer wieder mal, wenn ich ihr den einen oder anderen Kommentar meiner Kollegen erzählte.
»So sind sie halt. Die wollen nur spielen.«
Mit mir wollen sie nicht spielen. Ich bin eine von ihnen.

Und irgendwie doch nicht. Ich bin ein Kumpel. Und dann doch wieder nicht. Das ist manchmal eine schwierige Situation.

Hin und wieder wird es mir zu grob. Dann klinke ich mich aus. Manchmal habe ich den Eindruck, die Männer merken das gar nicht, dass sie nicht unter sich sind. Was eigentlich ein Kompliment ist. Und außerdem bin ich den Umgang mit den wilden Kerlen ja schon lange gewöhnt. Auch während meiner Ausbildung zur Rettungsassistentin beim Roten Kreuz waren die Jungs in der Überzahl.

Im April 1999 begann mein erstes Praktikum in einem in Gunzenhausen stationierten Rettungswagen. Neun Wochen Ausbildung lagen zu diesem Zeitpunkt schon hinter mir. Theoretisch hatte ich die Rettungssanitäterin als ersten Schritt zur Rettungsassistentin bereits in der Tasche, praktisch würde ich mich jedoch erst in den folgenden zwei Monaten bewähren … wenn es mir gelang, mich nicht zu übergeben. Das war noch immer meine größte Sorge. Sie erwies sich jedoch als unbegründet, wie ich in den ersten Tagen unterwegs bei verschiedenen Einsätzen feststellen konnte.

So stand dem erfolgreichen Abschluss meiner zweiten Berufsausbildung nichts mehr im Wege. Alle Zeichen wiesen auf eine lehrreiche und auch schöne Zeit in Gunzenhausen. Innerhalb der ersten beiden Wochen war ich bereits zu zwei Geburtstagsfesten eingeladen, so wurde ich unter all den Jungs bereits voll integriert. Meine Kollegen begegneten mir allzeit freundlich und hilfsbereit, und die Arbeit machte mir Freude. Auf meine rote Rettungsdienstjacke mit der Aufschrift *Bayerisches Rotes Kreuz* war ich sehr stolz. »Wedel«, stand vorne drauf. Endlich offiziell im Einsatz! Zeitgleich mit mir fing ein gewisser Michael aus Greding an. Wir hatten uns gesucht und gefunden. Da hatte ich doch keine offenen Wünsche mehr! Die ersten Monate schlief ich auf der Wache, wo mir ein kleines Zimmer zur Verfügung gestellt wurde. Bett, Schreibtisch, Schrank. Mehr brauchte ich nicht.

Meine ersten Schichten fuhr ich als Dritter, wie der Praktikant genannt wird. Der oder die Dritte hat keine feste Funktion, soll sich erst mal reinfinden. Erfahrene Kollegen erklärten mir, worauf es ankam. Ich bin ihnen heute noch dankbar für diese fundierte Ausbildung, die mir später bei der Feuerwehr vieles erleichterte. Bei meinem allerersten richtigen Einsatz war ich fürchterlich aufgeregt. Als der Piepser losging und ich erfuhr, dass es sich um eine Reanimation handelte, breitete sich eine große Leere in meinem Kopf aus. Hatte ich überhaupt einen Kopf? Wahrscheinlich nicht. Auf dem Weg zum Patienten beruhigte ich mich, und als wir ankamen, war der Patient wieder bei Bewusstsein und ich meiner vorübergehenden Ohnmacht entkommen. Doch im Rettungsdienst ist es wie bei der Feuerwehr: Irgendwann stehst du das erste Mal im Feuer …

Meine erste Reanimation

Der Mann war noch keine 30 Jahre alt. Auf der Toilette sitzend, war er ohnmächtig geworden und mit dem Gesicht auf den gefliesten Fußboden geknallt. Viele Menschen sterben im Badezimmer. Wie in den meisten Toiletten war es auch hier sehr eng. Die Ehefrau des Mannes hatte uns alarmiert.

»Wie lange war er denn im Bad?«, wollte der Notarzt von ihr wissen.

Das Gesicht der Frau war tränenüberströmt. Schwarze Streifen Wimperntusche zogen sich bis zu ihren Mundwinkeln.

»Ich weiß nicht«, schluchzte sie. »Vielleicht zehn Minuten? Ich hab sofort angerufen, als ich ihn gefunden habe.«

»Hat Ihr Mann Vorerkrankungen? Ein Herzleiden? Ist da etwas bekannt? Nimmt er Medikamente, hat er Allergien?«, fragte der Notarzt weiter, während Michael und ich schon das volle Programm abspulten. Als Erstes zogen wir den Mann auf den Gang, um mehr Platz zu haben; zwischen Toilettenschüssel und Badewanne konnten wir kaum zu dritt arbeiten. Wir prüften die Atemwege auf Erbrochenes, bereiteten den Beatmungsbeutel vor, schlossen Sauerstoff an, machten seinen Oberkörper frei, suchten die Mitte vom Brustbein und …

Jetzt war ich dran! Zum ersten Mal. Das war kein Einsatz an einer Puppe. Das war echt. Ernst. Todernst. Ich legte meine Hände aufeinander – sie steckten in dünnen blauen Handschuhen, die wir uns noch im Wagen übergestreift hatten – und rief mir alles in Erinnerung, was ich gelernt hatte. Bei meiner ersten Reanimation lautete die Regel fünfmal drücken, einmal beatmen. Heute drückt man 30-mal und beatmet zweimal. Bis vor einigen Jahren drückte man 15-mal und beatmete zweimal. Die Regeln ändern sich, je nachdem, zu welchen neuen Erkenntnissen Kardiologen bei ihren weltweit stattfindenden Treffen gelangen. Und das betrifft nicht nur den Rhythmus bei der Reanimation. Was heute aktueller Stand der Dinge ist, kann Mediziner in 20 Jahren zu einem Kopfschütteln veranlassen. So wie auch wir heute manchmal den Kopf schütteln. Bis in die 1980er-Jahre war es beispielsweise gang und gäbe, bei einem Herzstillstand eine große Spritze mit Adrenalin direkt ins Herz zu stoßen. Das hielt man seinerzeit für die beste Medizin. Heute weiß man, dass diejenigen, die mit dieser Methode einen Herzstillstand überlebten, es nicht wegen des intrakardiellen Adrenalins schafften, sondern trotzdem. Es gibt viele Beispiele, die belegen, dass die meisten medizinischen Erkenntnisse nie der Weisheit letzter Schluss sind.

Bei einem jungen Menschen ist die Verbindung zwischen Rippen und Brustkorb noch sehr elastisch. Je älter man wird, desto mehr verkalkt diese Verbindung, die ja kein Knochen ist, sondern Knorpel. Bei Menschen über 70 knackt und kracht es zu Beginn der Herzdruckmassage meistens. Man spürt deutlich, dass da etwas bricht im Brustkorb. Es ist kein angenehmes Gefühl und trotzdem gut, denn es zeigt, dass man tief genug hineinkommt. Um das Herz zu erreichen, muss man eine Distanz überwinden, als würde man einen Tennisball zusammendrücken.

Wir waren zu dritt. Was nach viel klingt, ist fast zu wenig für all die Maßnahmen, die gleichzeitig notwendig sind: Intubieren zur Atemwegssicherung, eine Infusion legen, um Medikamente zu geben, den Defibrillator vorbereiten, um einen womöglich lebensrettenden Elektroschock zu verabreichen. Nur eine Defibrillation kann tödliches Kammerflimmern auflösen. Und dazu muss man noch die völlig verstörte Ehefrau im Auge behalten. Im Rettungsdienst fehlt der Luxus, die Besatzung eines HLF im Rücken zu haben. Da ist man zu zweit, manchmal sogar allein, plus Notarzt. Seinerzeit war der Notarzt nicht mit uns Rettungsassistenten im Wagen unterwegs, er kam allein mit dem Notarzteinsatzfahrzeug – manchmal schneller, manchmal langsamer als wir mit dem Sanka. Viele Einsätze konnten wir ohne seine Unterstützung abwickeln, so etwa leichte Verkehrsunfälle, Nasenbluten, Bienenstiche,

Glasscherben im Fuß, einen Sturz vom Fahrrad oder eine Unterarmfraktur.

Bei einer Reanimation muss jedoch ein Arzt dabei sein. Was nicht heißt, dass wir ohne Arzt Däumchen drehen würden. Natürlich geben wir immer unser Bestes. Bei einer Reanimation zählt jede Sekunde. Dem Arzt vorbehalten sind invasive Maßnahmen, die Verabreichung von Medikamenten und die Feststellung des Todes. Alles andere – wie auch die Einleitung der Reanimation – gehört zum Berufsbild des Rettungsassistenten.

Ich hatte fünfmal gedrückt, nun war die Beatmung an der Reihe. Sobald der Arzt den Beatmungsbeutel zusammenpresste, dehnte sich der Brustkorb. Das war schon einmal ein gutes Zeichen. Die Luft kam an. Es hätte auch sein können, dass sich nichts bewegt. Das hätte bedeutet, dass die Luft im Magen landet und ihn wie einen Luftballon aufpumpt. Im Magen befindet sich jedoch nicht nur Magensäure, sondern auch das, was der Patient zuletzt gegessen und getrunken hat. Es steigt dann hoch. Vielleicht schluckweise, vielleicht aber auch als Schwall. Wenn man von Mund zu Mund beatmet, erwischt einen das. Heutzutage wird ungeschulten Ersthelfern empfohlen, an leblosen Erwachsenen ausschließlich eine Herzdruckmassage durchzuführen und keine Mund-zu-Mund- oder Mund-zu-Nase-Beatmung. Nur noch Letztere wird in Erste-Hilfe-Kursen gelehrt. Man verzichtet auf die Beatmung, weil man mit der Herzdruckmassage Blutdruck aufbaut. Ohne Blutdruck kein Leben. In dem Augenblick, wo man die Herzdruckmassage aussetzt und zu beatmen beginnt, fällt der gerade erst mühsam aufgebaute Druck auf null ab, und dann muss man bei der nächsten Runde Herzmassage wieder von vorne mit dem Druckaufbau beginnen. Man reanimiert ja nicht nur das

Herz, sondern auch das Gehirn. Dafür muss das Blut fließen, denn im Blut wird der Sauerstoff transportiert, der Brennstoff für die Zellen. Manche Zellen können Sauerstoffmangel eine Weile tolerieren, andere reagieren extrem empfindlich darauf – so auch Nerven- und Gehirnzellen.

Wie lange reanimiert wird, hängt von der Situation ab. Es gibt Fälle, da wird es zwei Stunden lang versucht. In anderen hört man nach 15 Minuten auf. Dies liegt im Ermessen und in der Verantwortung des Arztes. Dazu beurteilt er auch die Pupillen des Patienten. Je enger sie sind, desto besser ist die Prognose – dann liegt das Ereignis, das zum Herzstillstand oder Kammerflimmern führte, noch nicht so lang zurück. Je weiter und unrunder sich die Pupillen jedoch darstellen, desto schlechter: Die Sauerstoffunterversorgung besteht dann schon länger. Man muss von einer erheblichen Unterversorgung lebenswichtiger Organe ausgehen. Selbstverständlich versichert sich der Notarzt, dass er in ein echtes Auge schaut, nicht in ein Glasauge! Wenn man Licht auf die Pupille gibt, zieht sie sich bei einem gesunden Menschen zusammen. Der Sehnerv hat eine direkte Verbindung zum Gehirn. Pupillen, die nicht reagieren, sind kein gutes Zeichen.

Schließlich gab der Notarzt auf.

»Es tut mir leid«, sagte er zu der Ehefrau.

Da kippte die Witwe um. Meine Hände zitterten. Der Mann war nur wenige Jahre älter als ich. Gewesen. Hatten wir alles richtig gemacht? Warum war es uns nicht gelungen, ihn zu reanimieren?

»Gute Arbeit, Manuela«, lobte mich der Arzt eine halbe Stunde später, als alles Nötige in die Wege geleitet war, die Frau versorgt und ein Arzt zur Leichenschau sowie die Polizei verständigt war: Das ist in München üblich.

Ich schüttelte den Kopf. »Das sehe ich anders.«

Der Arzt strich mir über den Oberarm. »Das war deine erste Reanimation. Du hast alles richtig und gut durchgeführt. Du wirst Erfahrungen sammeln und lernen, dass es nicht in unserer Macht liegt. Wir können nur unser Bestes geben.«

»Er war noch so jung.«

»Manchmal sterben auch Kinder. Es ist schrecklich, ich weiß. Aber hin und wieder holen wir auch einen zurück. Bloß: Vorher weißt du nie, wie es ausgeht. Selbst wenn eine Reanimation gelingt, heißt das ja nicht, dass der Patient das Krankenhaus auf seinen eigenen Beinen verlässt. Viele erlangen das Bewusstsein nie wieder, bleiben jahrelang im Koma, als bloße Hüllen – scheinbar ohne Beseelung. Das ist nicht schön, Manuela.«

»Ich weiß«, sagte ich leise.

»Trotzdem probieren wir alles, weil es eben auch Fälle gibt, da klappt es. Ich hatte Reanimationen, da dachte ich, es würde bestimmt nichts bringen. Ich kann dir das Dankesschreiben eines Mannes zeigen, der sogar wieder seinen Beruf ausüben konnte. Und dann hatte ich einmal diesen Jungen, er war um die 14, und ich mochte ihn gern«, die Stimme des Arztes brach, »der beim Schlittschuhlaufen eingebrochen ist. Kaltes Wasser. Also eine sehr gute Prognose, weil Zellen in der Kälte langer überleben. Wir waren auch in kürzester Zeit bei ihm. Ich hoffte so sehr, es möge gelingen … aber nein«, er schüttelte den Kopf.

»Manchmal ist es doch auch umgekehrt, oder?«, fragte ich. »Ich habe gehört, dass es Fälle gibt, wo sehr alte Menschen reanimiert werden, die vielleicht lieber gestorben wären.«

»Natürlich fragen wir nach einer Patientenverfügung«, sagte

der Arzt. »Aber oft gibt es keine. Oder der Patient hat mit den Angehörigen niemals über seine Wünsche gesprochen. Wir tun alles, was in unserer Macht steht.«

»Klar«, nickte ich. Sterben ist, wie geboren werden, ein Teil des Lebens. Meistens kennen wir die Patienten nicht, zu denen wir gerufen werden. Entscheidungen müssen von uns in Sekundenbruchteilen getroffen werden. Dass das vielleicht nicht im Sinne der 80-jährigen Großmutter war, schwant manchen Angehörigen womöglich erst später, wenn sie die liebe Oma auf der Intensivstation besuchen, wo sie im Koma liegt, künstlich ernährt und beatmet, und niemand sagen kann, ob sie jemals wieder aufwachen wird – und in welchem Zustand.

Lehrjahre in der bayerischen Provinz

Während ich heute als Feuerwehrfrau in München innerhalb von wenigen Minuten bei einem First-Responder-Einsatz zur Reanimation bin, dauerte dies in Gunzenhausen-Weißenburg auf dem Land länger. Da waren Fahrzeiten von 20 bis 30 Minuten keine Seltenheit, und oft erreichten wir mit dem Sanka sogar fünf bis zehn Minuten vor dem Notarzt den Einsatzort und konnten die Reanimation schon einmal einleiten. Bei widrigen Witterungsverhältnissen kann man auf dem Land nicht von geräumten Straßen ausgehen:

Es hatte seit Mittag stark geschneit, und ich war im Nachtdienst auf der Rückfahrt von einem Notarzteinsatz, da hörte ich über Funk, dass ein Notarzt zu einem schweren Verkehrsunfall angefordert wurde. Der zuständige Notarzt war noch im Einsatz gebunden. Er versorgte einen Patienten im Rettungswagen, dessen Zustand instabil war. Ich beschloss einzuspringen, obwohl ich allein im Notarzteinsatzfahrzeug hinter dem Rettungswagen unterwegs war, und meldete mich über Funk an.

»Achtung, Straße extrem glatt«, wurde ich gewarnt. Das merkte ich selbst bei jeder Berührung des Bremspedals und bei jeder Kurve, die ich im Schneckentempo nahm. Meine Nervosität stieg Minute für Minute, ich wollte schnell dort sein, wo Hilfe nötig war.

Endlich am Unfallort angelangt, hätte ich gut zwei Dutzend Hände gebraucht! Es gab mindestens zwei schwer verletzte Frauen, und ein Mann war in seinem Passat eingeklemmt. Obwohl ich einen klaren Kopf behielt, war ich völlig überfordert. Immerhin konnte ich Prioritäten setzen, das ist bei mehreren Verletzten vordringlich: Wer braucht am nötigsten Hilfe. Eine der beiden Frauen hatte deutliche Schockanzeichen. Ihr Bauch fühlte sich hart an, ein Hinweis auf ein Bauchtrauma und innere Verletzungen. Es gibt Patienten, die kann man draußen auf der Straße nicht verarzten, die müssen schnellstmöglich in den OP: Wenn ein Verletzter aus der Leber blutet, hat man nur wenig Zeit. Ich hätte einen Hubschrauber gebraucht, doch der würde bei einem solchen Wetter nicht starten.

Endlich sah ich das blaue Licht zucken, und dann kamen sie nacheinander: ein RTW und die Feuerwehr im NEF, dem Notarzteinsatzfahrzeug. In der Folge ging einiges schief, denn in dem Wunsch, so schnell wie möglich zu helfen, kam es zu Kommunikationsproblemen. So retteten die Einsatzkräfte als Erstes den laut schreienden Fahrer aus dem Passat und brachten ihn zum RTW. Aber dieser Patient hatte keine Priorität! Doch es war zu spät, wir konnten ihn ja nicht von der Trage in den Straßengraben schubsen. Es dauerte zehn Minuten, bis der zweite RTW für die Frau eintraf. Sie verstarb auf dem Weg ins Krankenhaus. Das ging mir noch lange nach. Da tat es gut, mit Kollegen sprechen zu können.

»Nix reinfressen«, erinnerte uns einer der Ärzte. »Alles im Team besprechen.«

Immer wieder musste ich mich damit abfinden, dass wir nicht alle Patienten retten konnten, zu denen wir gerufen wurden. Heute habe ich das akzeptiert. Es liegt nicht in unserer, schon gar nicht in meiner Hand. Oder, um mit dem Brandner Kasper zu sprechen: »Wenn es dir aufgesetzt ist, musst du mit.« Da hilft kein Kartenspiel und kein Kerschgeist. Wenn es dir bestimmt ist, kommst du vielleicht in den Himmel, und wenn du Glück hast: in den bayerischen.

Trotz solcher schlimmen Erlebnisse bereute ich die Entscheidung für meine zweite und dritte Berufsausbildung nie … na ja, fast nie. Wenn mich der Piepser nachts um drei aus einem kurzen Schlaf reißt und wir den vierten Besoffenen in eine Klinik begleiten, denke ich schon manchmal: Floristin ist ein schöner Beruf. Man hätte dabei bleiben sollen.

Allerdings muss ich sagen, dass solche Einsätze sich in ländlichen Gegenden in Grenzen halten. In Großstädten begegnen Rettungsdienst und Feuerwehr einer anderen Klientel als auf dem Land. Da kann es manchmal sogar schwierig werden, die Patienten, die einen anpöbeln, mit Respekt zu behandeln. Saufen, bis der Notarzt kommt, das finde ich nicht lustig. Vor allem, wenn die Alkoholisierten dann auch noch Schlägereien anzetteln. Das alles soll der Notarzt wieder richten. *Zustand nach PaM* heißt das bei uns: Paar aufs Maul. Übrigens fährt man prinzipiell nur Opfer durch die Gegend. Denn eins ist klar: Der oder die anderen sind schuld. Immer. »Das musst du doch verstehen, Frau Doktor, dass ich … ich, nein, ich mach gar nichts, ich bin … harmlos.« Ja, freilich. Harmlos. Eine Fliege? Ich? Niemals!

»Der andere hat angefangen«, sage ich dann manchmal.

»Ja, genau. Woher wissen Sie das?«

»Weil immer der andere anfängt«, sage ich – auch, wenn der andere in diesem Fall einen doppelten Kieferbruch erlitten hat.

Während in der Großstadt schon mal der Notarzt gerufen wird, wenn man sich einen Spreißel in den Finger gezogen hat oder das Asthmaspray am Samstagabend plötzlich und völlig überraschend leer ist, hat die Landbevölkerung eine höhere Schwelle zu überwinden, ehe sie die Rettung ruft. Manchmal ist sie zu hoch. Unvergessen ist mir der alte Mann, der bei der Gartenarbeit von der Leiter gefallen war. Weiß ragte sein Unterschenkelknochen ins grüne Gras. Er jammerte nicht, sondern entschuldigte sich sichtlich betroffen für sein Missgeschick, das uns solche Mühe bereitete. Niemals habe er uns deswegen belästigen wollen. Die Nachbarin sei nicht davon abzubringen gewesen, uns zu alarmieren. Er hätte doch selbst ins Krankenhaus fahren können mit seinem Automatikgetriebe.

In Gunzenhausen arbeitete ich in keinem geregelten Schichtdienst. Es gab Früh-, Spät- und Nachtschicht. Wir hatten viele Routinefahrten mit Dialysepatienten, Krankentransporte, Verlegungen und Einweisungen. In der Nachtschicht gab es auch mal ruhige Dienste, sodass ich in meiner Freizeit nicht dauernd Schlaf nachholen musste, sondern mich meinem Freundeskreis und vielen Hobbys widmen konnte – so etwa der Wasserwacht.

Rettung unter Wasser und aus der Luft

Das fränkische Seenland ist wunderschön, und im Sommer lädt es vielerorts zum Baden ein. Mit meiner Clique war ich an lauen Abenden oft am Altmühlsee und Brombachsee. So lernte ich auch die Wasserwachtler kennen. Neugierig ließ ich mir erzählen, worin ihre Aufgaben bestanden. Am meisten faszinierte mich das Tauchen.

»Komm doch einfach mal mit zum Training«, forderte mich Andreas auf.

Das ließ ich mir nicht zweimal sagen. Geübt wurde im Hallenbad. Schon beim ersten Mal mit Bleigurt auf dem Beckenboden erwischte mich der Tauchvirus. Das wollte ich lernen! Ich meldete mich zu der einjährigen Ausbildung bei der Wasserwacht an. Fast jedes Wochenende würde ich in Zukunft bei Schulungen verbringen. Ich freute mich auf diese neuen Herausforderungen. Als ich meine ersten Gehversuche im Hallenbad absolviert hatte und im Brombachsee tauchen durfte, störte es mich nicht, dass ich in diesem trüben Gewässer kaum die Hand vor Augen erkennen konnte. Ich fühlte mich pudelwohl unter Wasser, auch im Dunkeln. Mir konnte ja nichts passieren, ich war mit einem Seil um den Bauch gut gesichert. Im Winter schlugen wir ein Loch in die Eisfläche, denn auch Eistauchen gehört zur Ausbildung einer Rettungstaucherin. Wir lernten, Gegenstände zu suchen und zu bergen, verunglückte oder tote Personen zu retten, und zwar nicht nur bei schönstem Badewetter, sondern eben auch bei widrigsten Witterungsbedingungen an schwer zu erreichenden Tauchstellen oder in stark strömenden Gewässern. Eigentlich hätten mir in dieser Zeit Kiemen wachsen müssen, so viel war ich im Wasser.

Einmal habe ich einen Toten aus dem Wasser geborgen. Der Mann wurde seit zehn, zwölf Stunden vermisst. Es war kein Taucheinsatz, auch wenn wir im Tauchanzug arbeiteten, denn wir bildeten zu sechst eine Kette und wateten durch das brusthohe Wasser eines kleinen Flusses. Mit Stöcken tasteten wir auf dem Grund nach dem Vermissten. Da das Fahrrad des Gesuchten oben an der Böschung lag, mussten wir damit rechnen, ihn im Wasser zu finden: Hier hatte der Hund die Spur verloren.

Einer meiner Kollegen hatte das Pech, auf ein Bein des Toten zu treten. Das ist nicht schön. Überhaupt ist eine solche Suchaktion nicht angenehm, denn immer, wenn die Füße etwas anderes als losen Untergrund berühren, denkt man: Ist er das? Einem meiner Kollegen schlug bei einem Taucheinsatz einmal ein Toter direkt vor das Gesicht, an die Maske.

Obwohl der Rettungstaucher so heißt, kommt es nur sehr selten vor, dass wir wirklich jemanden retten können. Die meisten Verunfallten können wir nur bergen, und das bedeutet, sie sind tot.

Ein Aufenthalt in der Druckkammer war Bestandteil der Ausbildung. So etwas gibt es auch bei der Feuerwache 5 in München. Die Druckkammer wurde in den 1960er-Jahren anlässlich des U-Bahn-Baus angeschafft, denn eine solche Baustelle ist eine Überdruckbaustelle. Die wenigsten wissen, dass sich auch ein Bauarbeiter die sogenannte Taucherkrankheit zuziehen kann: ein Trauma, das durch einen zu schnellen Druckabfall zum Ausperlen von gelösten Gasen in verschiedenen Körpergeweben führt. Bis heute schleusen wir in der Feuerwache 5 regelmäßig nicht nur Bauarbeiter und Taucher in die Druckkammer, sondern auch Rauchgasvergiftete und an Wundinfektionen Leidende, deren Keime absterben, sobald sie mit

Sauerstoff in Kontakt kommen. In solchen Fällen versucht man, möglichst viel Sauerstoff in das Gewebe zu bringen, was durch den höheren Umgebungsdruck in der Druckkammer, der das Blut im Sauerstoff löst, ermöglicht wird.

Um uns herum befindet sich Luft, ein Gasgemisch aus etwa 1/5 Sauerstoff und 4/5 Stickstoff. Stickstoff ist ein reaktionsträges Gas und zeigt unter normalen Bedingungen keine besondere Aktivität. Der Großteil unserer Atemluft ist nur Füllstoff. Ein Teil des Stickstoffs wird im Blut physikalisch gelöst. Der Luftstickstoff geht im Körper keine Bindung ein. Angenommen, ich tauche eine Stunde lang in 20 Metern Tiefe, dann verändert sich der Umgebungsdruck von 1 Bar auf 3 Bar. Das bedeutet, dass sich dreimal so viel Stickstoff im Blut löst, und dazu hat er eine Stunde Zeit. Wenn nun die Luft knapp wird und ich schnell nach oben muss, passiert im Blut und im Gewebe das Gleiche, wie wenn man eine Sprudelflasche schnell aufdreht. Es bilden sich Gasblasen, und der Stickstoff perlt aus.

Es dauerte eine Weile, ehe die Ärzte Mitte des 19. Jahrhunderts erkannten, woran Tausende von Bauarbeitern erkrankten und starben, die Fundamente für Brücken unter Wasser setzten: Der Elbtunnel in Hamburg und die Brooklyn Bridge in New York sind nur zwei von vielen Baudenkmälern, die auf diese Weise vielen Männern das Leben kosteten. Caisson, zu deutsch Kasten, hießen die Senkkästen, die zu Erdarbeiten auf dem Grunde von Gewässern verwendet wurden. Sie wurden unter Überdruck gehalten, damit die Arbeiten im Trockenen verrichtet werden konnten und kein Wasser eindrang. An den seltsamen Krankheitserscheinungen litten nicht alle Arbeiter. Zudem traten sie immer erst nach Verlassen der Senkkästen auf, und zwar bis zu 24 Stunden danach. Im Jahre 1909 kam es beim Bau des East-River-Tunnels zu 3692 Fällen von Caisson-Krankheit, wie die Dekompressionsunfälle seinerzeit genannt wurden. Irgendwann erkannte man, dass die Lösung nicht darin liegen konnte, den Lohn der Bauarbeiter zu erhöhen, um der hohen Sterblichkeitsrate zum Trotz stets genügend bereitwillige Arbeitskräfte zur Verfügung zu haben – so schienen damals die Bauherren das Problem anzugehen. Stattdessen verstand man, dass man einen Menschen nicht ohne behutsame Anpassung von einer Druckumgebung in eine andere bringen kann, beziehungsweise: rein schon, aber raus nicht. Technische Taucher, die heutzutage in extremen Tiefen Arbeiten verrichten, sind nicht gefährdet, solange sie die Auftauchzeiten beachten.

Bei der Taucherkrankheit gibt es verschiedene Schweregrade. Sie beginnt mit sogenannten Taucherflöhen, Rötungen wie nach Flohbissen. Das sind Luftblasen im Fettgewebe. Schon sehr schmerzhaft ist die Ausperlung des Stickstoffs in den Gelenken. Im allerschlimmsten Fall entstehen Luftblasen im Rückenmark oder im Gehirn. Querschnittslähmung und Tod können die Folgen sein. Die einzige Möglichkeit, einen Patienten mit Taucherkrankheit zu behandeln, bietet die Druckkammer.

Von außen sieht sie aus wie ein kleines U-Boot. Ich war neugierig, was mich erwarten würde – aber damit hatte ich nicht gerechnet: Pro zehn Meter, die ich unter Wasser tauchen würde, hatte ich das Gefühl, ein Stamperl Schnaps auf nüchternen Magen serviert zu bekommen – ich war wie im Rausch. Irgendwie war mir das aber gar nicht so bewusst. Meine Laune stieg mit zunehmender Tiefe. Auch meine Stimme veränderte sich. Ich klang wie der Frosch Kermit aus der Muppetshow. Ich musste lachen. Ach, machte das hier unten Spaß! Die eine oder andere verrückte Idee kam mir in den Sinn. Das Gleiche passiert auch erfahrenen Tauchern unter Wasser. Wenn man Pech hat, merkt man es zu spät – oder gar nicht. Aber selbstverständlich befand ich mich immer noch im Vollbesitz meiner geistigen Kräfte. Alles klar. Zumindest so klar, wie Brombachseebrühe eben sein kann.

Ein Highlight meiner aktiven Zeit als Rettungstaucherin waren die Übungen mit der Rettungshubschrauberstaffel am Rothsee. Hier trainieren auch die Piloten für den Ernstfall: Die Rettung einer Person aus dem Wasser. Nach Möglichkeit ist bei solchen Einsätzen ein Rettungstaucher mit an Bord – sonst muss der Bordtechniker ran. Es gibt welche, die reißen sich drum – andere bleiben lieber in der Luft, als sich an der Winde abzuseilen. Was beim Klettern relativ einfach ist, wird in der Luft gefährlich. Je nach Manöver kann man sich am Fixseil verheddern, wenn man sich vom Hubschrauber in die Tiefe fallen lässt. Unten das Wasser – und ein Mensch, der Hilfe braucht. Der Hubschrauber wirbelt das Wasser hoch. Durch diesen Downwash ist die Kommunikation schwierig. Man kann ja nicht rufen, und Handzeichen sind manchmal schwer zu erkennen. Da darf es trotzdem keine Missverständnisse geben! Mit dem Hubschrauber wird der Mensch in Not entweder ans Ufer gebracht und dort versorgt. Oder ich legte dem Kollegen, der das Badeopfer mimte, eine Gummiwurst um, mit dem wir ihn gut gesichert in die Kabine des Hubschraubers ziehen konnten. Auf dem Weg ans Ufer blieb ich noch eine Weile auf der Kufe stehen. Diese Ehrenrunden hätten von mir aus länger dauern können! Ich liebte die Übungseinheiten mit der Hubschrauberstaffel: Bungeespringen von einem beweglichen Objekt!

So war es für mich ein Leichtes, 2004 die Prüfung zur Rettungstaucherin zu bestehen. Damit war mein Ehrgeiz jedoch noch längst nicht befriedigt, und ich legte einige Zeit danach privat außerdem noch die Prüfung zur Sporttaucherin ab. Ich bin sehr dankbar, dass ich mich dazu entschlossen hatte, denn durch das Tauchen kam ich viel herum und sah die Natur von einer ganz anderen Seite – erst recht, als ich zum ersten Mal im Roten Meer tauchte: Ich war fasziniert von der bunten Welt, die sich mir bot. Ich kannte ja bislang vor allem die trübe Brühe des Brombachsees. Es kam mir vor, als wäre mir nach langer Blindheit Augenlicht geschenkt worden, und ich konnte mich kaum satt sehen an den Farben und Formen der Natur unter Wasser.

Auch die Prüfung zur Rettungsassistentin bestand ich, wie die zur Floristin, mit sehr gut und hatte dann das Glück, dass ich einen befristeten Vertrag als Krankheitsvertretung und im Anschluss eine unbefristete Anstellung auf der Rettungswache in Treuchtlingen erhielt. Der Ort daneben heißt übrigens Pappenheim. Von hier stammen die berühmten Pappenheimer. Ich habe einige Freunde unter ihnen gewonnen in den folgenden beiden Jahren, in denen ich beim Roten Kreuz arbeitete. Doch ich wusste, dass das keine Endstation für mich war. Mein Kumpel Ralph setzte mir den Floh von der Feuerwehr ins Ohr. Und bald schon sollte aus dem Floh eine ausgewachsene Feuerwehrfrau werden …

Ein Wachtag im Juli

Sommer in der Stadt. Die Luft ist heiß und stickig. Trotzdem laufe ich nicht nackig durch den Englischen Garten, wie Muckel vom Roten Kreuz mir einmal unterstellt hat, nach dem Motto: In dieser Stadt, da sind sie doch alle ein bisschen verrückt. Im Gegenteil – ich bin für den Sommer viel zu warm angezogen in meiner schwer entflammbaren Kluft, noch dazu in der ungünstigen Farbe Schwarz. Aber immerhin: Schwarz macht schlank. Nur: Man gart eben leider auch im eigenen Saft. Sobald wir mit dem HLF durch die Innenstadt fahren, sehe ich überall nackte Beine und Flip-Flops. Meine Füße stecken in schweren festen Stiefeln. Wenn wir Glück haben, können wir im Polohemd ausrücken, aber normalerweise tragen wir unsere komplette Schutzkleidung. Feuer ist auch im Sommer heiß. Da kommt dieser Gong gerade recht. Ein Polohemd-Einsatz!

Robinson Crusoe in der Au

Licht – Gong: Wittelsbacherbrücke, Flusskilometer 149,32, Feuerwache 1 der Inspektionsdienst, der Zug, der Notarztwagen, Feuerwache 5 ELW, Wassernotfahrzeug, HLF, Feuerwache 6 ELW, Wassernotfahrzeug, HLF, Rettungshubschrauber Christoph 1 vom ADAC und Edelweiß von der Polizei, Person in Isar

Zum Arbeiten am Wasser brauchen wir weder Mantel noch Helm, aus Sicherheitsgründen legen wir die oft sogar ab. Denn wenn ein Feuerwehrler in voller Montur ins Wasser fällt, kann er sich nur schwer über Wasser halten. Bei einem Wassereinsatz muss man dagegen in den Helly Hansen steigen, wie wir unseren Überlebensanzug nennen. Man kennt diesen schicken Einreiher aus Reportagen über Ölbohrinseln, die jeden Mitarbeiter in ein orangefarbenes Michelinmännchen verwandeln. Derart gekleidet, kann man es relativ lang im kalten Wasser aushalten. Denn dass die Isar auch im Sommer kühl sein kann, wird oft unterschätzt und kann schnell zu Unterkühlungen beim verunfallten Badegast führen. Es sind übrigens nicht nur Schwimmer, die wir aus dem Wasser retten, auch Selbstmörder und versehentlich ins Wasser Gefallene gehören dazu.

Wenn der Gruppenführer fragt, wer den Helly Hansen macht, hat sich das meistens schon erledigt – Hütti steht bereits drin. Die Wasserratten unter den Feuerwehrlern sind scharf auf solche Einsätze. Weil ich beim Gong das Glück habe, dem Wasserrettungssack am nächsten zu stehen, trifft es diesmal mich.

Der Gruppenführer nickt: »Manu, heute bist du dran.«

Während meine Kollegen ihre Stiefel anziehen, ziehe ich meine aus und schlüpfe in diesen steifen Strampelanzug. Meine Freude, etwas loszuwerden, erhält jedoch einen kleinen Dämpfer. Die Kollegen werden sich erst im Auto mit der Rettungsweste ausrüsten, ich hingegen muss die dicke Hose noch in der Fahrzeughalle überstreifen. Vorschrift ist Vorschrift, auch im Sommer. Unsere Schwimmwesten pusten sich bei Wasserkontakt automatisch auf, dafür sorgt eine Tablette, die sich bei Wasserkontakt zersetzt. Eine CO2-Druckpatrone bläst die Weste auf, ähnlich wie in einem Sahnespender.

Oft ist bei solchen Einsätzen zuerst einmal Warten angesagt. Wir müssen die Situation klären. Wo ist der Mitteiler? Wer hat die Person in der Isar gesehen? Und vor allem: Wann und wo genau? Die Isar ist kein stehendes Gewässer, sondern ein Fluss. Deshalb rückt auch nur ein Teil der Feuerwehr zur Alarmadresse an, der andere Teil fährt weiter. Man berechnet die Strömungsgeschwindigkeit, um an der richtigen Stelle einsatzbereit zu sein. Einem an der Wittelsbacherbrücke in die Isar Gestürzten hilft es nichts, wenn die Feuerwehr fünf Minuten später am Unfallort eintrifft. Da ist er längst weg, flussabwärts. Bei normalen Strömungsverhältnissen in der Isar treibt eine Person in zehn Minuten etwa 600 Meter weit.

In der Regel steigen bei einem solchen Alarm zwei Hubschrauber auf: Der Rettungshubschrauber Christoph 1 nimmt im Idealfall Rettungstaucher von der Feuerwache 5 an Bord, und der Polizeihubschrauber Edelweiß ist mit einer Wärmebildkamera ausgestattet. Er ist in Oberschleißheim oder am Flughafen München stationiert, der Flug dauert meist nur wenige Minuten länger, als wir zum Einsatzort benötigen. In der Luft gibt es keine roten Ampeln oder Chaos im Feierabendverkehr.

Besonders seit der Renaturierung des Flusses sind die Auen für viele Menschen ein bevorzugtes Erholungsgebiet. Nachdem zuerst sehr viel Geld dafür ausgegeben wurde, die Isar in geregelte Bahnen zu zwingen, wurde nun noch mehr Geld ausgegeben, damit sie ihrem freien Lauf folgen kann. So ist diese Oase mitten in der Stadt entstanden. Die Schilder, die auf das Badeverbot hinweisen, werden häufig ignoriert, obwohl sie berechtigt sind: Die Isar schaut friedlicher aus, als sie ist. Es gibt zahlreiche tückische Stellen. Gerade wenn der Fluss Schmelzwasser führt, reißt er alles mit, von schweren Baumstämmen und Fahrrädern bis hin zu Einkaufswagen. Unsere Taucher gehen dann nicht mehr rein. Die Gefahr, mit einem schwimmenden Gegenstand zusammenzustoßen, ist zu hoch.

Am Wochenende herrscht im Sommer auch außerhalb des Wassers ein manchmal kriegsähnlicher Ausnahmezustand:

Bratwurst gegen Steak, Griller gegen Hundebesitzer, Radfahrer gegen Fußgänger, Erholungsbedürftige gegen Fußballspieler, Nackerte gegen Angezogene. Leider verwandeln sich manche Abschnitte in den Auen in eine Partymeile, und viele Besucher lassen ihren Müll zurück, oft auch Scherben. Manche mögen in der Tat so betrunken sein, dass sie vergessen, was der Respekt vor der Natur und Gemeinschaft gebietet. Manche kommen angeheitert bis halb bewusstlos auf die Idee, ein Bad zu nehmen. Entweder freiwillig – oder sie werden von angetrunkenen Kumpels ins Wasser geschubst. Andere wollen mithilfe der Isar aus dem Leben scheiden. Wieder andere möchten nur mal ans Ufer schwimmen, werden von der starken Strömung erfasst, geraten in Panik und kämpfen um ihr Leben. Oder stranden auf einer Kiesbank und schaffen es nicht zurück. Robinson Crusoe in der Au. Vom Ufer aus kann man das schwer beurteilen: Ruft der um Hilfe oder winkt er fröhlich? Also vorsichtshalber die 112 alarmieren, ist ja kein Problem mit dem Handy. Die Feuerwehr wird schon was machen.

Ja, wir machen was. Und lassen uns dabei gelegentlich auch blöd anreden. »Darf man hier nicht mal mehr schwimmen, ohne kontrolliert zu werden?«

Meistens laufen unsere Einsätze an der Isar glimpflich ab. Sie sind gekennzeichnet durch Suchen – Warten – Suchen. Oft wissen die Mitteiler selbst nicht so genau, wo sie sich befinden. Sie sind halt mit dem Rad an der Isar entlanggefahren. Aber wo? Hier sind die Mitarbeiter unserer Leitstelle gefordert, das herauszufinden.

»Und wo genau sind Sie zur Isar abgebogen?«

»An einer Brücke.«

»Wie sah es da aus? Auf welcher Seite? Flussaufwärts oder flussabwärts?«

»Woran erkenne ich das?«

Vielleicht sollte man da mal Schilder aufstellen: *Sie befinden sich* … Aber zugegeben, ich habe auch schon mal das eine Links mit dem anderen Links verwechselt.

Bei der Orientierung an der Isar kommt erschwerend hinzu, dass sie sich in den Isarkanal und in den natürlichen Flusslauf teilt – das sind zwei völlig verschiedene Örtlichkeiten.

Als wir unseren Einsatzort an der Wittelsbackerbrücke erreichen, sehen wir niemanden, der auf uns wartet. Der Zugführer funkt an die Leitstelle, der Mitteiler solle sich bemerkbar machen. Wir erfahren, dass er sich ein Stück weiter an der Isartalstraße befindet. Hier zweigt der Westermühlbach von der Isar ab. Wir sind gerade ausgestiegen, da rennt ein Mann um die 40 mit triefnassem T-Shirt und Shorts auf uns zu. Atemlos teilte er uns mit:

»Sie ist da reingesprungen. Dann war sie weg. Ich kann nicht gut schwimmen, ich hab es trotzdem versucht. Aber jetzt hat es sie da runtergezogen.«

Wir rennen zum Ufer, ich im Helly Hansen etwas langsamer als die anderen. Das hört sich nach Ernstfall an. Gleich wird es mir »nass neigehn«, wie man in Bayern sagt, denn an den Nähten hält der häufig eingesetzte Helly auf Dauer nicht dicht.

Ein zweiter Mann kommt uns entgegen. Winkend ruft er schon von Weitem: »Da sind Sie ja, Gott, sei Dank.«

»Sind Sie die Person, die in der Isar war, oder ist noch jemand drin?«, erkundigt sich der Gruppenführer.

»Ja, da ist noch jemand drin.«

Ich zurre den Sicherheitsverschluss meiner Rettungsweste fest.

»Luna«, sagt der Mann. »Und ich kann doch nicht gut schwimmen. Jemand ist reingesprungen, aber er hat sie nicht zu fassen gekriegt. Sie ist unten. Ist in die Röhre gezogen worden und war weg!« Ein Schluchzen schüttelt den Mann.

»Wo genau?«, fragt der Gruppenführer.

»Sie ist dem Ball nachgesprungen und dann verschwunden.«

»Ball nachgesprungen?«, wiederholt Hütti.

»Ist Luna Ihre Frau?«, fragt der Gruppenführer.

Empört schaut der Mann den Gruppenführer an. »Nein, mein Hund!«

Wir alle atmen auf. Nicht jedoch der Mann. Er ist fix und fertig, beruhigt sich aber sichtlich in unserer Gegenwart. So ist es oft. Sobald wir auftauchen, haben die Leute das Gefühl, jetzt wird alles gut. Schön, wenn wir die Erwartungen erfüllen können. Doch für Luna sieht es im Moment nicht gut aus, auch wenn der Mann sich Hoffnungen macht.

»Die Luna ist ein Labrador, kann super schwimmen. Aber die Strömung ist zu stark. Bitte, tun Sie was!«

Der Zugführer tut etwas. Er gibt eine Rückmeldung an die Leitstelle: »Person ist gesichert, Hund wird vermisst, Hubschrauber und weitere Kräfte bis auf das Wassernot der Feuerwache 5 können stoppen.«

An der Stelle, wo Luna ins Wasser gesprungen ist, ist die Ufermauer befestigt. Es wird enger. In der Folge nimmt die Strömung zu, da mehr Wasser gleichzeitig passieren muss. Es hat mehr Wucht. Von der Unterführung an der Isartalstraße kann man in den Spalt hineinsehen. Flüsse und Bäche laufen oft ein

Stück unterirdisch und treten an einer anderen Stelle wieder nach oben. Stefan schaut in die Karte, die wir bei einem solchen Einsatz stets mit uns führen. Schnell erkennen wir, wo der Fluss wieder ans Tageslicht kommt: schon ein paar Hundert Meter weiter. Da die Zugänglichkeit für uns an dieser Stelle schwierig ist und die Böschung so steil abfällt, dass man ins Wasser springen müsste, beschließen wir, Lunas Rettung von zwei Seiten in Angriff zu nehmen. Als Labrador – diese Rasse verfügt über Schwimmhäute zwischen den Zehen – wird sie hoffentlich noch eine Weile durchhalten. Dass sie lebt, bezweifeln wir nicht: Alle paar Sekunden jault es grauenhaft aus dem Tunnel. Die Wahrscheinlichkeit, dass sie flussabwärts herausgetrieben wird, ist höher, als dass sie gegen die Strömung zurückkommt.

Mit dem HLF und fünf Kollegen fahre ich zur Auslassstelle. Hier ist der Höhenunterschied geringer. Ich setze mich auf die befestigte Ufermauer und lasse mich ins Wasser plumpsen. Aus dem Tunnel jault es noch immer. Ein gutes Zeichen. Schnell mache ich mich auf den Weg, gegen die Strömung. Ich komme nur langsam vorwärts, und es ist anstrengend.

»Zieh die Handschuhe an«, weist mich der Gruppenführer über Funk an, »vielleicht schnappt der Hund nach dir.«

»Hab ich schon«, melde ich.

Wir sind nicht nur über Funk verbunden, ich hänge auch an einer hundert Meter langen Leine, die mich sichert. Endlich taucht etwas Schwarzes, das auf den ersten Blick an einen Biber erinnert, im Lichtkegel meiner Taschenlampe auf.

»Ich seh sie «, melde ich dem Gruppenführer – und dann komme ich nicht weiter. Die Leine ist zu Ende. So kurz vor dem Ziel! Auf keinen Fall werde ich die Leine losmachen. Ich könnte stolpern, abtreiben … auf Nimmerwiedersehen. Im

Gegensatz zu dem Labrador habe ich keine Schwimmhäute zwischen den Zehen.

Rettung naht nun jedoch auch von der anderen Seite, wo sich die Kollegen der mittlerweile eingetroffenen Feuerwache 5 auf den Weg gemacht haben. Ein Feuerwehrler im Taucheranzug klemmt sich den erschöpften Hund unter den Arm und bringt ihn zurück zu seinem überglücklichen Herrchen. Robinson musste seinerzeit länger warten!

Ein Herz für Tiere

Ein Tier zu retten ist etwas sehr Schönes, und die Dankbarkeit der Herrchen und Frauchen kann einem durchaus zu Herzen gehen. Manchmal kommt es mir so vor, als würde das eine oder andere Tier sogar ganz genau spüren, dass wir von der Feuerwehr die Guten sind. Aber vielleicht spüren die Vierbeiner auch nur die Erleichterung ihrer Zweibeiner bei unserem Auftauchen. Weglaufen können sie oft nicht vor uns, wenn sie sich eine Pfote eingeklemmt haben oder mit dem Kopf in einem Gitter stecken oder in einem Erdloch. Wir haben unzählige Katzen von Bäumen gerettet, verletzte Eichkätzchen, notgelandete Schwäne, Wildschweine. Manchmal auch vor Autos, aber nicht nur auf Straßen. Einmal verirrte sich ein Reh in einer Tiefgarage, ein Fuchs in einer Biotonne.

Die Presse liebt solche Aktionen, und es wird immer groß darüber berichtet, denn das Leserecho ist hoch. Da werden Lebensläufe von vermissten Katzen gedruckt: Man erfährt nicht nur, wie alt das Tier ist, sondern auch, was es am liebsten frisst, wo es am liebsten schläft, welche Eigenheiten es an den Tag legt. Am beliebtesten sind solche Tiergeschichten, wenn sie mit Kinderschicksalen verbunden werden können: Mohrli ist zurückgekehrt, und die kleine kranke Paula kann endlich wieder lachen.

Ich finde es schön, dass wir in einer Gesellschaft leben, die ein Herz für Tiere hat. Doch dieses Herz für Tiere ist womöglich nicht so liebevoll und großzügig, wie es auf den ersten Blick scheinen mag.

Wo ich herkomme, da hält man keine Tiere, weil sie süß und putzig sind und am liebsten Nussecken vom Bäcker Kammerer fressen. Tiere sind ein Lebensunterhalt. Kühe geben Milch – sie wird verkauft. Kälber werden großgezogen, um sie zu verkaufen, vielleicht an den Schlachter. Sie werden zu Kotelett, Schnitzel und Wurst. Ein Teil vom Kalb, eingeschweißt in der Kühltheke, ist kein Tier mehr. Sondern Fleisch. Aber man kann das Fleisch nicht vom Tier trennen, im Fleisch steckt seine Lebensqualität. Ich finde, wir sollten uns immer wieder bewusst machen, woher das Fleisch stammt und dass es eben nicht in der Tiefkühltruhe wächst.

Die Schweine bei uns daheim auf dem Hof hatten ein schönes Leben. Sie waren draußen, suhlten und sonnten sich, bis sie geschlachtet und als Schweinebraten gegessen wurden. Viele Menschen mögen Schweinebraten. Der entsetzliche Leidensweg eines Schweines aus der Massentierhaltung zum Braten wird jedoch ausgeblendet. Wie auch der vom Huhn aus dem Hühner-KZ zum Frühstücksei, das man im Discounter für wenig Geld im Zehnerpack erhält. Natürlich weiß man das. Aber man will es nicht wissen. Sobald aber eine kleine Katze miauend oben auf dem Baum sitzt, wird man zum Tierschützer mit Leib und Seele und aus vollstem Herzen: Man ruft die Feuerwehr, das arme Wesen zu retten. Ich freue mich, wenn wir Tiere in Not retten. Ich mag Tiere. Trotzdem ist das ein Widerspruch für mich. Denn gerade weil ich Tiere mag, will ich, dass sie in der Lebensmittelproduktion nicht mehr als nötig leiden müssen. Am besten gar nicht. Tierschutz und Tierliebe sind für mich jedenfalls nicht trennbar von meinen Essgewohnheiten. Ich bin keine Vegetarierin. Ich esse Fleisch. Und ich wertschätze es. Es ist mir bewusst, dass es von einem Lebewesen stammt, das einmal atmete, wie ich atme. So möchte ich es auch behandeln. Damit ich es mit gutem Gewissen essen kann.

Gerade in der Stadt haben viele Menschen den Bezug zur Natur verloren. Sie meinen es gut, haben aber keine Ahnung von manchen Zusammenhängen – und so kommt es hin und wieder zu kuriosen Einsätzen für die Feuerwehr.

Suizid eines Kükens

Licht – Gong: Franz-Josef-Strauß-Ring, Teich am Prinz-Carl-Palais, das erste HLF, Enten drohen zu ertrinken, Einsatz ohne Sondersignal

4:55 Uhr, es ist schon hell draußen. Was nicht bedeutet, dass mir das Aufstehen leichtfällt, zwei Stunden und fünf Minuten entfernt vom Feierabend, das Heimweh überwältigend. Die Nacht ist kurz gewesen. Vier Einsätze haben uns wach gehalten. Habe ich deshalb … Halluzinationen? Oder wie heißt das, wenn man etwas hört, was nicht sein kann. Stimmen sind es nicht, denn die Stimme ist mir vertraut, sie gehört zu Martin. Ertrinkende Enten? Nein, ich bin bei Sinnen, wie ich den fragenden Gesichtern meiner Kollegen entnehme, die offenbar dasselbe gehört haben.

Wir rutschen die Stangen runter, schlüpfen in die Uniformjacken, und Enrico dreht den Zündschlüssel im Schloss. Unser Gruppenführer fehlt noch. Nicht, dass er verschlafen hätte – er vergewissert nur sich in der Zentrale.

»Was hamma jetzt da?«

Uli von der Nachrichtenstelle liest den Text des Alarmfaxes vor.

»Ertrinkende Enten? Gibt's doch nicht!« Der Gruppenführer schüttelt den Kopf und weist Hütti dann an: »Jetzt nehm ma mal den Wasserrettungssack mit.«

Schlagartig wacht Hütti auf. Auch diesen Helly Hansen wird er sich unter den Nagel reißen, wenn ihm kein Kollege zuvorkommt. Die Chancen für Hütti stehen gut, wir anderen hängen noch ziemlich in den Seilen.

Die Stadt schläft noch, als wir am Isartorplatz vorbei den Altstadtring entlang zum Amtssitz des bayerischen Ministerpräsidenten fahren. An einer Ampel höre ich nur Vogelgezwitscher, sonst nichts. Zu dieser frühen Morgenstunde spaziert die Natur noch ungehindert durch die Stadt: Eine fette Ratte läuft an einer Hauswand entlang. Eine junge Frau führt gähnend ihren Mops Gassi, die Stadtreinigung kehrt, ein Liebespärchen, das sich vielleicht gerade erst gefunden hat, geht Arm in Arm verschmolzen auf dem Nachhauseweg. Hin und wieder kommen Tagaktive zum Vorschein, während die Nachtaktiven sich zurückziehen.

Bei manchen meiner Kollegen hat der Aufwachprozess noch nicht begonnen, bei anderen ist er noch nicht abgeschlossen. Im HLF erfreuen sich die Fensterplätze in den frühen Morgenstunden hoher Beliebtheit, weil man da den Kopf anlehnen kann. So schunkelt man zum Einsatz. Einmal haben wir einen Kollegen sitzen lassen, weil er so fest geschlafen hat. Beim Einrücken schlafen wir oft auch kurz ein. Die Stufe vor der Wache, über die das HLF nach dem Einsatz rumpelt, wirkt dann wie ein Wecker: Jetzt samma wieder daheim.

Der Teich vor dem Prinz-Carl-Palais bietet ein Bild schläfrigen Friedens. Der Springbrunnen ist noch nicht angeschaltet, das Wasser glänzt rötlich im Morgenlicht. Drei lebenslustige Entchen freuen sich an ihrem Frühstück. Immer wieder tauchen sie, wie man es aus dem Kinderlied *Alle meine Entchen* kennt, ihre Köpfchen ins Wasser und strecken die Schwänzchen in die Höh'.

Kaum ist unser Gruppenführer aus dem HLF gestiegen, kommt ein Mann zu uns. Der Mitteiler, wie sich herausstellt. »Da sind Sie ja!«, begrüßt er uns, als hätte er ewig gewartet. Das kann nicht sein. Auch wenn wir geschlafen hätten, sind wir immer schnell wie die Feuerwehr. »Ich mach mir ja solche Sorgen.«

»Aha«, sagt der Gruppenführer abwartend. Womöglich schwant ihm schon etwas.

»Ja, wissen Sie«, führt der Mitteiler aus, der den Eindruck erweckt, nicht mehr ganz nüchtern zu sein. »Diese Enten da. Die stecken dauernd den Kopf unters Wasser und bleiben viel zu lange unten. Irgendwas stimmt mit denen nicht.«

»So, so«, sagt unser Gruppenführer. »Mit denen stimmt was nicht.«

»Nein! Die sind vielleicht krank.«

»Aha, krank«, sagt unser Gruppenführer gedehnt.

»Ja! Deswegen hab ich Sie doch angerufen. Damit Sie die retten.«

»Enten retten, die tauchen«, wiederholt der Gruppenführer.

»Untertauchen«, präzisiert der Mitteiler. »Die ersticken!«

Wer eben noch müde die Augen zugemacht hat, reißt sie nun auf. Wir starren den Mann an. Er bemerkt die fünf Augenpaare nicht, die ihn entgeistert mustern. Für so einen Schmarrn sind wir rausgefahren.

Unser Gruppenführer bewahrt die Ruhe. »Es ist alles in Ordnung«, versichert er dem Mann. »Den Entchen geht es gut. Die frühstücken unter Wasser. Dazu stecken sie den Kopf rein. Das ist normal. Die können recht lange die Luft anhalten. Sind ja Enten, Wasservögel. Und hungrig. Vielleicht sollten Sie das jetzt auch mal machen. Was essen. Am besten vorher schlafen. Ist ja schon spät, also früh. Gehen Sie heim.«

»Es ist wirklich alles in Ordnung mit den Kleinen?«

»Ja. Alles bestens.«

»Also, wenn Sie als Feuerwehr das sagen.«

»Ja, das sag ich als Feuerwehr«

»Wenn das so ist, dann bin ich beruhigt. Gute Nacht.«

Grillgewohnheiten

In der Nähe der Hauptfeuerwache fließt die Isar. Deshalb werden wir hier oft zu Einsätzen gerufen. Manchmal geht es nur darum, einen gefährlichen Ast von einem Baum zu schneiden, der auf Spaziergänger stürzen könnte. In der Grillsaison dagegen rechnen wir mit den typischen Grillunfällen. Obwohl jeder wissen sollte, worauf beim Grillen zu achten ist: Es ist genauso wie an Silvester. Immer wieder kommt es zu Unfällen mit zum Teil schweren Verletzungen. Heiße Sommertage, besonders an Wochenenden, sind für Grillunfälle prädestiniert. Bis vor einigen Jahren konnte man an solchen Tagen und Abenden rechts und links der Reichenbachbrücke bloß noch Wolken sehen, manchmal eine einzige Riesenrauchwolke, weil an jeder möglichen und unmöglichen Stelle ein Grill qualmte. Mittlerweile haben wir ausgewiesene Grillbereiche –

was nicht heißt, dass es hier weniger gefährlich wäre und dass nur hier gegrillt würde.

Da es mit Parkplätzen um die Isar schlecht bestellt ist, wird der Grill meistens in den Radlkorb gepackt. Er muss also möglichst klein sein. Deshalb ist er aber auch instabil. Einmal dagegengestoßen, schon kippt er um. Viele Leute bevorzugen Einweggrills, die sind ja so praktisch zum Wegschmeißen. Auch praktisch zum Reintreten.

»Wir wollten doch nur grillen!« Diesen Spruch habe ich schon oft gehört, danach, wenn das Schlimme passiert ist, und das Schlimme reicht von einer kleinen Brandblase bis hin zu schweren Verbrennungen.

Grillen wird allgemein unterschätzt. Grillen ist doch kein Problem. Kann ja jeder. Also jeder Mann, denn Grillen ist Männersache, von wegen ins Feuer starren und so. Grillen ist nur dann nicht gefährlich, wenn die Rahmenbedingungen stimmen, doch die stimmen schon nicht, wenn man den Grill hungrig anzündet. Der Magen knurrt. Es soll schnell gehen. Holzkohle braucht aber eine gewisse Zeit, bis sie bereit ist. Im Idealfall sollte sie eine Stunde, bevor man das Grillgut auflegt, durchglühen. Das dauert vielen zu lang. Oft hat der Grill erst dann die optimale Betriebstemperatur, wenn alle mit dem Essen fertig sind. Damit es schneller geht, muss der Holzkohle Feuer gemacht werden. Bei vielen Bürgern herrscht der Irrglaube, hier sei Brandbeschleuniger das erste Mittel der Wahl. Es hat sich herumgesprochen, dass man keinen Spiritus in einen brennenden Grill kippt. Also nimmt man den flüssigen Sicherheitsgrillanzünder. Sicherheit, das klingt doch gut. Her damit … und rein damit!

Wer lesen kann, ist klar im Vorteil. Auf der Flasche des Sicherheitsgrillanzünders steht, wann und wie er zu benutzen ist, nämlich: keinesfalls, wenn die Holzkohle bereits brennt, aber eben noch nicht so, wie man das gerne hätte. Dann kann es nämlich zu einer Stichflamme kommen. Okay, damit hat man gerechnet, man ist drei Schritte zurückgegangen. Manchmal passiert aber auch nichts. Obwohl man das Zeug reingeschüttet hat. Was ist denn da los? Drei Schritte nach vorne, über den Grill gebeugt – und jetzt kommt sie, die Stichflamme. Mitten ins Gesicht.

Der Grillanzünder ist eine brennbare Flüssigkeit. Was hier brennt, ist, wie bei allen Bränden, allerdings nicht die Flüssigkeit, sondern der Grillanzünder gast aus, die Dämpfe brennen. Diese benötigen eine gewisse Konzentration und Temperatur, ehe sie zu brennen beginnen. Das geht manchmal schneller, manchmal dauert es. Oft sind bei Grillunfällen nicht die Verursacher betroffen, sondern Unbeteiligte, die schwerste Verbrennungen erleiden. Eine Verbrennung kann auch explosionsartig geschehen, was für viele Kinder tragisch endet. Die Kleinen finden Grillen wahnsinnig aufregend. Feuer! Wollen helfen. Leider befinden sich ihre Gesichter oft in Grillhöhe.

Seien Sie wachsam, wenn jemand behauptet: Ich mach mal schnell. Ich hab das im Griff.

Nein, hat er eben nicht, wenn er einen Beschleuniger benutzen muss. Das ist ein Zeichen dafür, dass er es nicht im Griff hat.

Sonst hätte er rechtzeitig angefangen, bevor der eigene Magen und der der Gäste zu knurren beginnt. Der sicherste Weg beim Grillen führt durch ein großzügig geöffnetes Zeitfenster und nicht durch einen leeren Magen, auf den womöglich zur Beruhigung Alkohol gekippt wird. Ebenso wichtig ist die ausreichende Lüftung. Auch heute noch gibt es Leute, die bei einsetzendem Regen auf die glorreiche und womöglich letzte Idee ihres Lebens kommen: Wir grillen einfach in der Garage weiter.

»Mach doch mal das Tor zu, der Wind nervt!«

Zum sicheren Grillen gehört auch der feste Stand des Grills. Spielende Kinder und wedelnde Hunde sollten sich trotzdem fernhalten beziehungsweise beaufsichtigt werden. Am besten ist es, den Kindern das richtige Grillen beizubringen und ihnen bewusst zu machen, dass ein Grill eine offene Feuerstelle ist. Das bedeutet auch, dass man ihn nicht einfach stehen lässt. Holzkohle muss abgelöscht und ordnungsgemäß entsorgt werden. Nach einem typischen Grillabend ist dies leider oft die Aufgabe der Feuerwehr. Regelmäßig fahren wir die Gitterboxen für die Grillentsorgung ab und löschen die rauchenden Überreste. Wenigstens sind solche Einsätze meistens kurz.

Der schöne laue Sommerabend ist in die Nacht gekippt. Kühle zieht vom Fluss auf. Das Grillfest wird beendet. Man ist kein Umweltsünder. Die Abfälle werden also in einem Papierkorb entsorgt. Für den Rest ist die Feuerwehr zuständig.

Licht – Gong: Schlichtweg, Höhe Eingang zum Tierpark, Feuerwache 1 das erste HLF, brennt Papierkorb im Freien

Wir fahren hin, nehmen den Schnellangriff zur Hand: Papierkorb fluten. Dann meldet der Gruppenführer über Funk »Arbeit beendet, Einsatzstelle ab, Einsatzleiter Felsner 2.«

Paulinchen allein zu Haus: Verbrennungen

Wenn Kinder Opfer von Grillunfällen werden, noch dazu durch sträfliche Unachtsamkeit, berührt mich das sehr. Verbrannte Haut wächst nicht nach. Es bildet sich Narbengewebe. Nie mehr wird ein Kind so aussehen wie vorher, und eine gesamte Lebensperspektive steht von einer Sekunde auf die andere unter einem anderen Stern – vielleicht, weil der Magen eines Erwachsenen zu laut knurrte und es schnell gehen sollte.

Wer eine Brandverletzung erleidet, besonders im Gesicht, ist gezeichnet. Das heilt nicht mehr. Lebenslang müssen verbrannte Stellen eingecremt werden, oft müssen die Verletzten viele Operationen über sich ergehen lassen. Die Wunden entzünden sich, das Leben ist von Schmerzen geprägt. Man unterscheidet vier Schweregrade. Der erste Grad ist vergleichbar mit einem heftigen Sonnenbrand. Beim zweiten Grad sind bereits tiefere Hautschichten geschädigt, er führt zur Blasenbildung. Eine Blase ist nichts anderes als ausgetretene Gewebeflüssigkeit, die sich sammelt. Das verletzte Gewebe kann die Flüssigkeit nicht mehr halten. Der dritte Grad bezeichnet schwere Verbrennungen, die tief reichen. Während Grad eins und zwei relativ gut ausheilen, ist das Gewebe ab dem dritten Grad auf ewig verkocht oder verkohlt. Nervenenden sind geschädigt. Eine Verbrennung dritten Grades ist an den Wundrändern sehr schmerzhaft. Da die Nervenenden zerstört sind, spüren Verletzte an der verbrannten Stelle keine Schmerzen, doch dafür umso mehr im Randbereich. Viertgradige Verbrennung bedeutet Verkohlung mit Beteiligung von Knochen, Sehnen und Muskeln. Solche Verletzungen entstehen bei Stromunfällen im Hochspannungsbereich. Leider gilt S-Bahn-Surfen unter Jugendlichen als Mutprobe.

Viele wissen nicht, dass sie sich auch in Lebensgefahr bringen, wenn sie Abstand zur Oberleitung halten, denn es kann zu einem Spannungsüberschlag kommen. Für die Feuerwehr endet die gefahrenfreie Zone an der Traufenhöhe eines Zuges, also dort, wo das Dach beginnt. Erst wenn die Oberleitung geerdet ist, können wir dort gefahrlos arbeiten. Und das dauert, denn vor der Erdung muss der Strom in der Oberleitung abgeschaltet werden. Eine Oberleitung ist kein Stromkabel wie im Haushalt, es hängen keine Elektrokleingeräte dran, sondern Züge. Verschiedene Bauteile wie Kondensatoren bauen auch nach dem Abschalten noch eine Weile Restspannung ab. Allein den Strom abzuschalten genügt also nicht, um gefahrlos arbeiten zu können. Das hat womöglich fatale Folgen für einen Menschen, der schwer verletzt dringend unsere Hilfe benötigt. Doch die Rettung kann erst nach der Erdung beginnen, die wir durchführen, sobald die Bahn den Strom abgeschaltet hat, und das dauert je nach Streckenabschnitt zehn bis 15 Minuten. Ein abweichendes Vorgehen würde uns in Lebensgefahr bringen, und wir sind ja nicht lebensmüde – wie vielleicht manche S-Bahn-Surfer!

Wenn ein Verletzter unter einem DB-Zug liegt, stellt der Strom keinen Hinderungsgrund für uns dar. Liegt ein Verletzter hingegen unter einer U-Bahn, heißt es wieder Strom abschalten und erden, denn die U-Bahn erhält ihren Strom von unten.

Bei Brandverletzungen kursieren auch heute noch diverse Ammenmärchen, die leider gelegentlich für wahr gehalten werden. Dazu gehört die erste Hilfe mit Butter oder Mehl. Nein! Tun Sie das keinem an! Das ist falsch. Die erste richtige Maßnahme besteht im Kühlen – und zwar mit Wasser, im Idealfall nicht kälter als 10 bis 15 Grad aus der Leitung. Wenn kein Leitungswasser zur Hand ist, greifen Sie zu Mineralwasser, Apfelschorle, holen Sie Wasser aus dem Gartenteich. Das Gewebe des Verletzten brennt nach, denn es speichert Wärme. Wasser nimmt die Energie heraus und verhindert weiteres Kochen.

Nicht nur der Grad der Verbrennung ist zu beachten, sondern auch die Fläche. Als Faustregel gilt: Die Handfläche macht ein Prozent der Körperoberfläche des Verletzten aus. Ist mehr als ein Prozent verletzt, also mehr als die Größe der Handfläche, sollte ein Arzt aufgesucht werden. Bis dahin sollte kein Eisspray und keine Brandsalbe aufgetragen werden.

Paulinchen heißt eine Initiative für brandverletzte Kinder, um Familien nach Verbrennungs- und Verbrühungsunfällen zu beraten und bei Problemen in der Rehabilitationszeit zu helfen sowie präventiv auf die Unfallursachen hinzuweisen. In Deutschland verbrennen und verbrühen sich rund 6000 Kinder jedes Jahr so schwer, dass sie stationär behandelt werden müssen. Es gehört zu den Aufgaben der Großen, auf die Kleinen aufzupassen. Das machen auch wir bei der Feuerwehr.

Bereits die Vorschulgruppe im Kindergarten bekommt Besuch von uns – und in der dritten Schulklasse steht die Brandschutzerziehung auf dem Lehrplan. Kindern soll der richtige Umgang mit dem Feuer vermittelt werden. Zudem sollen sie lernen, einen Notruf richtig abzusetzen. Die Augen sind groß, wenn wir anrücken, und die Ohren gespitzt. Fast alle Kinder sind fasziniert von der Feuerwehr. Das ist manchmal schon rührend.

»Bist du ein richtiger Feuerwehrmann?«, formuliert der kleine Junge, was er nicht anders ausdrücken kann.

»Nein«, sage ich. »Ich bin eine richtige Feuerwehrfrau.«

»Ach so«, nickt er. Fall erledigt.

Eine richtige Feuerwehrfrau

An Schulen, egal wo, werden immer dieselben Fragen gestellt.
Nachfolgend einige Hits der Kids:
Wie lange ist ein Feuerwehrschlauch?
Wie viel Wasser kommt aus dem Feuerwehrauto raus?
Wie schnell darf man mit Blaulicht fahren?
Wie hoch ist die Drehleiter?
Wie funktioniert das Blaulicht?
Wie schwer ist die Feuerwehraxt?
Was ist, wenn's bei der Feuerwehr brennt?
Was ist, wenn du gerade auf dem Klo bist und es kommt ein Alarm?
Die letzten beiden Fragen interessieren sie am meisten.

Kinder machen sich keine Gedanken darüber, ob bei der Feuerwehr auch Frauen arbeiten. Die nehmen wahr, was ist: Ich bin der einzige »weibliche Feuerwehrmann« in meiner Wachabteilung. Auch deshalb würde ich mir mehr Kolleginnen wünschen. Damit Frauen bei der Feuerwehr zumindest nicht mehr auffallen als Streifenpolizistinnen – oder die Bundeskanzlerin!

Während Kinder mich in meiner Rolle einfach hinnehmen, sieht das bei Erwachsenen anders aus. Ständig werde ich zu meinem Beruf befragt. Auch hier gibt es eine Hitliste:

Seit wann arbeiten Frauen bei der Feuerwehr?
Die Kollegen helfen Ihnen doch bestimmt bei der schwereren Arbeit?
Machen Sie wirklich die gleichen Sachen wie die Männer?
Sind Sie verheiratet?
Haben Sie eine richtige Ausbildung?

Was sagt Ihr Freund dazu, dass Sie bei der Feuerwehr arbeiten?

Und wenn mich jemand in Zivil kennenlernt, egal ob beim Flirt oder auf dem Familienfest, entspinnt sich oft folgender Dialog:

»Was machst'n du beruflich?

»Ich bin bei der Berufsfeuerwehr.«

»Im Büro?«

»Nein, nicht im Büro. Einsatzdienst.«

»Wie? So richtig? So mit Ausrücken und so?«

»Ja, so richtig, mit Blaulicht.«

Abschätziger Blick. Aha. Oft ist das Gespräch dann beendet.

Bei meinen Kollegen konnte ich Folgendes beobachten:

»Was machst du beruflich?«, fragt die Brünette.

»Ich bin Feuerwehrmann«, wirft sich mein Kollege in die Brust.

»Echt«, haucht sie.

Er schweigt. Helden machen nicht viele Worte.

»Toll«, schiebt sie nach und himmelt ihn schon an. Will aber dann doch noch eine Bestätigung, dass er das wirklich verdient hat:

»Hast du schon mal ein Leben gerettet?«

»Das ist mein Job«, sagt mein Kollege.

»Wahnsinn!«, haucht sie.

Auch dieses Gespräch könnte bald beendet sein. Allerdings aus anderen Gründen. Man muss ja nicht immer reden.

Einbrecher mit Legitimation

Der Julinachmittag beginnt ruhig. Kein Alarm. Jeder Feuerwehrler tut Dienst in seiner Abteilung, interner Wachbetrieb wird das genannt. Mit Thilo und Manfred überprüfe ich das Fahrzeug nach der Beladungsliste: »Dunghaken, Steckleiter, Schiebleiter, Reservekanister, Fasspumpe, Wasserschieber, Brandpatsche, Saugschläuche vier Stück, Bockleiterteil.«

»Alles da.«

»Okay.«

Das Fahrzeug wird jeden Tag überprüft. Einmal in der Woche erfolgt eine Intensivüberprüfung nach Liste. Bei der Feuerwehr geht man stets auf Nummer sicher. Während eines Einsatzes könnte in der Hitze des Gefechts etwas verloren gehen. Auch nach Werkstattterminen überprüfen wir die Ausstattung.

Wir sind gerade fertig, da geht das Licht an.

Licht – Gong: Birkaspitzstraße, das erste HLF, eine Tür öffnen ohne Sondersignal

»Was liegt an?«, fragt Felix den Gruppenführer, der das Alarmfax in den Händen hält.

»Wohnungstür öffnen.«

»Die Birkaspritzstraße gehört doch zum Wachgebiet der Feuerwache 5?«, werfe ich ein.

Der Gruppenführer nickt. »Die Feuerwache 5 ist mit einem Zimmerbrand beschäftigt.«

»Typisch Feuerwache 5«, sage ich. »Wenn's brennt, dann bei denen.« Ich steige ins HLF und stelle mich auf eine längere Fahrt ein. In der Stadt breitet sich allmählich Feierabendlaune aus. Das Wochenende steht vor der Tür, und in den Gesichtern mancher Passanten bilde ich mir ein, Vorfreude auf geplante Unternehmungen abzulesen. Ich beobachte einen Gemüsehändler, der seine Ware sortiert und einem kleinen Jungen einen Apfel reicht. Manche Viertel in München haben fast dörflichen Charakter. Da haben die Leute nicht so unrecht, die sagen, München sei ein Dorf. Aber mir gefällt das.

Der Blick aus dem Fenster zeigt mir ungefähr das Gleiche wie meinen Kollegen. Und trotzdem sind wir in zwei völlig verschiedenen Filmen. Bei den drei Eis schleckenden Mädels auf High Heels denke ich an Malaga und Freischicht. Was meine Kollegen denken, will ich lieber gar nicht so genau wissen, ihre Kommentare genügen mir schon. Dabei gibt's natürlich auch den umgekehrten Fall: An einer Ampel warten drei Jungs in Muskelshirts. Hauptsache keine Feuerwehrler! Ich wende den Kopf.

»Was grinst'n so, Manu?«, fragt Martel.

»Nur so.«

»So, so. Nur so.« Jetzt grinst er, und jeder denkt sich seinen Teil …

Manchmal frage ich mich, ob das HLF Telepathie fördert. Tatsache ist, dass man bei der Feuerwehr oft mehr über die Kollegen weiß als deren nächste Angehörige. Man ist ja 24 Stunden lang zusammen eingesperrt. Die Arbeit bei der Feuerwehr ist kein Job wie jeder andere. Gemeinsam meistert man Extremsituationen, geht zusammen durchs Feuer. Dabei lernt man sich sehr gut kennen. Und an einem Wachtag erlebt man auch den Biorhythmus der Kollegen hautnah. Wir kennen uns so gut, dass wir auf den ersten Blick sehen, wer schlecht drauf ist, wer müde ist oder Hunger hat, wer ausreichend oder gar nicht geschlafen hat. Und wir wissen eben auch um unsere Vorlieben, nicht nur in Bezug auf das andere

Geschlecht. So wie Hütti als Helly-Hansen-Fan bekannt ist, gibt es zum Beispiel Kollegen, die scharf darauf sind, Türen mit der Axt zu öffnen. Allerdings bekommen sie nicht allzu oft Gelegenheit dazu, denn wenn es die Einsatzsituation erlaubt, versuchen wir den Sachschaden natürlich möglichst gering zu halten. Manchmal öffnen wir eine verschlossene Wohnungstür oder ein Fenster fast spurlos. Bei der Feuerwehr erhält man sozusagen eine solide Einbrecherausbildung. Die brauchen wir auch, denn nicht immer können wir davon ausgehen, dass uns die Türen, an denen wir klingeln, geöffnet werden. So etwa, wenn uns eine »kranke Person in der Wohnung« gemeldet wird.

Wenn es auf der Seele brennt

Bei dem Einsatzstichwort *Kranke Person in Wohnung* rücken wir immer mit dem Leichenzug aus, wie wir ihn nennen. Er besteht aus drei Fahrzeugen: Einsatzleitwagen, Drehleiter und RTW. Hinter einer solchen Meldung verbirgt sich nämlich oft ein toter Nachbar. Dass die betreffende Person lange nicht mehr gesehen wurde, fällt erst auf, wenn es aus der Wohnung zu riechen beginnt. Häufig bemerken Nachbarn einen seltsamen Geruch abends. Vielleicht sind sie spät nach Hause gekommen, es war ruhig im Treppenhaus, keine Ablenkung durch Geräusche … da riechen sie es. Sie gehen in ihre Wohnung, denken drüber nach. Wann habe ich die Frau Huber eigentlich zum letzten Mal gesehen? Sie machen sich Sorgen, kontrollieren den Briefkasten von Frau Huber. Der ist randvoll. Komisch, dass ihnen das noch nicht aufgefallen ist. Da muss man doch was machen! Morgen ruf ich die Polizei an oder die Feuerwehr. … Aber wenn die Frau Huber gestürzt ist und hilflos in ihrer Wohnung liegt und verzweifelt auf Hilfe hofft! Nein, ich ruf lieber gleich an.

Im Sommer, wenn es warm ist, dauert es selten drei Wochen, ehe Frau Hubers Schicksal bekannt wird, weil sich der Geruch in der Hitze stärker entwickelt. Je wärmer es ist, desto schneller schreiten die Zerfallsprozesse voran. Diesen Weg gehen wir alle, früher oder später.

Allerdings habe ich mich schon öfter gewundert, wie lang der Tod eines Menschen übersehen oder vielmehr überrochen werden kann. Da betreten wir ein Treppenhaus, und es bleibt uns schon im Erdgeschoss die Luft weg, obwohl die Wohnung, die wir öffnen wollen, im dritten Stock liegt. Das gibt's doch nicht, dass das keinem aufgefallen ist ... Doch, das gibt es. Der Tod hat einen ganz eigenen Geruch, fast schon Geschmack. Unverwechselbar. Selbst wenn man damit nicht vertraut ist, muss der einem doch auffallen. Nein, muss er nicht. Manchmal macht man sich auch einfach keine Gedanken darüber. Oder will nichts damit zu tun haben. Mittlerweile weiß ich, dass das möglich ist. Als ich nach München zog, wohnte ich zwei Jahre in einem Haus, in dem mir ein einziger Nachbar auf meiner Etage vom Sehen bekannt war. Man redete nicht miteinander, wusste nichts voneinander, wohnte Wand an Wand – und doch irgendwie weit weg. Das war gewöhnungsbedürftig für mich.

Der Mitteiler wartet auf der Straße. »Ich hab Sie angerufen, weil die Frau Marklstorfer nicht mehr in ihre Wohnung kommt.«

Aha. Niemand drin, sondern draußen. Und lebendig.

Eigentlich ist dies ein Fall für den Schlüsseldienst, deshalb werden wir den Einsatz in Rechnung stellen. Es sei denn, es herrscht Gefahr in Verzug. Der Mitteiler führt uns in den Innenhof, wo eine alte Dame mit bläulich schimmernder Dauerwelle zitternd und weinend auf einer Bank vor einem Sandkasten sitzt, neben einem Klettergerüst mit Schaukel. Zwei Mädchen im Alter von sieben oder acht Jahren sind damit beschäftigt, in einem bestimmten Muster Wäscheklammern an das Klettergerüst zu klemmen. Was sie sofort einstellen, als wir den Hof betreten.

»Nicht aufregen, Frau Marklstorfer«, bittet der Mitteiler. »Jetzt ist die Feuerwehr da. Gleich ist alles gut.«

»Oh, das ist mir so peinlich. Oh, ist mir das peinlich«, stammelt Frau Marklstorfer. Das Papiertaschentuch in ihren Händen ist zu einer länglichen, dünnen Wurst gerollt.

»Das muss Ihnen doch nicht peinlich sein!« Karl reicht der alten Dame die Hand. »Dafür samma doch da.«

»Aber die Feuerwehr! So ein Aufwand! Und so viele! Ach, ist mir das unangenehm.«

»Ja, mia kommen nicht bloß, wenn's brennt.«

»Ist denn jemand in der Wohnung?«, fragt der Gruppenführer.

»Bloß mein Hansi.«

»Kater?«

»Wellensittich«, schluchzt Frau Marklstorfer.

»Na, der kann die Tür freilich nicht aufmachen«, meint Karl.

»Wissen Sie, das ist mir noch nie passiert. Ich habe noch nie im Leben einen Schlüssel verloren.« Allmählich beruhigt sich die alte Dame.

»Irgendwann ist immer das erste Mal«, sagt der Gruppenführer. »Haben Sie die Tür bloß zugezogen oder abgesperrt? Liegt der Schlüssel vielleicht in der Wohnung?«

»Nein, nein. Ich weiß genau, dass ich ihn mit in den Hof genommen habe. Wie ich die Wäsche aus der Waschküche geholt habe, hab ich ihn hierhin gelegt.« Sie wies auf ein Fensterbrett neben dem Hintereingang zum Haus.

»Und die Tür?«, fragte der Gruppenführer erneut. »Haben Sie die zugezogen oder zugesperrt?«

»Nur zugezogen. Ich wollte doch bloß geschwind die Wäsche aufhängen.«

Dieser Einsatz entpuppt sich als ein Kinderspiel, auch wenn wir unsere Kreditkarten stecken lassen, mit denen in amerikanischen Filmen gerne Türen geöffnet werden. Wir erledigen das mit einem Drahthaken. Geht genauso schnell und hinterlässt keine Spuren. Das wissen leider nicht nur wir, Einbrecher wissen das auch – und deshalb ist es besser, Türen abzusperren, nicht bloß zuzuziehen.

Aus den Augenwinkeln nehme ich wahr, dass Martel sich mit den beiden Mädchen am Klettergerüst unterhält. Plötzlich flitzen die los und sind weg. Was hat er ihnen erzählt?

Im zweiten Stockwerk machen wir uns an die Arbeit. Innerhalb einer Minute ist die Tür offen und Frau Marklstorfer außer sich vor Glück.

»Bitte kommen Sie doch rein! Ich mach Ihnen einen Kaffee. Kuchen hab ich auch, einen Nusszopf, wenn ich den schmal schneide, reicht er für alle, bitte.«

»Danke, aber wir müssen weiter«, lehnt unser Gruppenführer ab.

»So kann ich Sie doch nicht gehen lassen, dann wenigstens ein Mon Chéri, bitte!«

Die alte Dame wirkt, als würde ihr Seelenheil davon abhängen.

»Aber Frau Marklstorfer«, sagt Karl und schaut gespielt bekümmert, was keiner so gut kann wie er. »Sie wissen doch. Da ist Schnaps drin. Wir sind im Dienst.«

»Dann nehmen Sie doch wenigstens eins mit. Für jeden eins. Das geht sich aus. Bitte. Für den Feierabend.«

»Das ist eine gute Idee«, nickt der Gruppenführer, dem klar ist, dass wir keine Wahl haben. Anders würden wir hier nicht rauskommen.

Frau Marklstorfer holt die Schachtel, öffnet sie umständlich, nimmt vorsichtig die knisternde Abdeckung von den Pralinen und reicht sie herum. Jeder nimmt sich eine und sagt artig: »Danke.« Da strahlt die alte Dame, und sie strahlt noch mehr, als die zwei Mädchen vom Spielplatz die Treppe hochpoltern.

»Wir haben ihn! Wir haben den Schlüssel von der Frau Marklstorfer.«

»Super!«, lobt Martel sie. »Wo habt ihr ihn denn gefunden?«

»Am Briefkasten.«

»Aber da war ich doch gar nicht!«, ruft Frau Marklstorfer. Beim Abschied erst fällt mir das große Plakat innen an der Wohnungstür auf. In riesigen roten Lettern steht dort: Schlüssel nicht vergessen!

In meiner Zeit als Rettungsassistentin habe ich es hin und wieder erlebt, dass ältere Menschen den Notarzt riefen, um in Gesellschaft eine Tasse Kaffee zu trinken. Auch die Leitstelle in München wird gelegentlich ohne Not alarmiert. Ich habe von einer älteren Dame gehört, die sich dort jeden Tag erkundigt, um zu erfahren, was für ein Tag heute ist.

»Dienstag, Frau Baumann. Das heißt, dass Sie die Tablette nehmen, die in dem Fach liegt, wo Dienstag draufsteht.«

Und wenn sie später noch mal anruft, wird ihr erklärt, dass sie die Tablette schon genommen hat, wenn das Fach, wo Dienstag draufsteht, leer ist. Frau Baumann gehört sozusagen zur Stammkundschaft der Leitstelle. Die ist leider zahlreich nach dem Motto: Hast du Sorgen oder Kummer, 112 ist meine Nummer. Wenn es auf der Seele brennt, sind wir langfristig jedoch die falschen Ansprechpartner.

Mein sportlicher Kampf um den Traumberuf

Als ich mich 2002 bei der Feuerwehr bewarb, wusste ich zwar einiges über das Aufgabenspektrum, doch wie breit gefächert es ist, das entdeckte ich erst nach und nach … und immer noch bin ich jedes Mal von Neuem begeistert, wie abwechslungsreich unser Beruf ist. Bereits damals stand ich in Flammen! Raus aus dem Sanka wollte ich. Zur Feuerwehr zog es mich, und zwar nach München, denn hierhin hatte ich mich verliebt. Als ich das Antwortschreiben der Branddirektion auf meine Bewerbung erhielt, dass ich die Zulassungsbedingungen erfüllte, weil ich einen beziehungsweise sogar zwei Gesellenbriefe einreichen konnte, im Besitz eines Führerscheins und des Deutschen Schwimmabzeichens war, hüpfte ich vor Freude an die Decke! Und landete beim Lesen der Anforderungen für die Einstellungsprüfung unsanft auf dem Boden der Realität. Um die Prüfung mit »sehr gut« zu bestehen – was ratsam war, da ich nicht die Einzige sein würde und nur die Besten eine Chance hatten –, musste ich Folgendes an einem Tag leisten: Bankdrücken, Klimmzüge, Wechselsprünge über eine Langbank, 1000 Meter Laufen, 50 Meter Schwimmen, Streckentauchen, Weitsprung und Drehleitersteigen.

Ich studierte den beiliegenden Flyer und fasste Mut. Vielleicht war das alles gar nicht so tragisch. Keine Ahnung, wie lang ich für 1000 Meter brauchte. Ich besorgte mir eine Stoppuhr und startete meine ersten Versuche auf der Aschenbahn. Um mit »ausreichend« zu bestehen, müsste ich 1000 Meter in 4 Minuten und 10 Sekunden laufen. Um mit »sehr gut« zu bestehen, dasselbe in 3 Minuten und 10 Sekunden. Ich rechnete mir aus, dass ich auf der 400-Meter-Bahn eine Minute 40 Sekunden pro Runde schaffen musste, und lief los. Tatsächlich, ich schaffte eine Runde in dieser Zeit! Aber wirklich nur eine. Am Ende war ich völlig außer Puste … und niedergeschlagen. Gerade mal 400 Meter konnte ich vorweisen, das war nicht mal die Hälfte! Aber vielleicht war Laufen eine Disziplin, die mir nicht lag? Mal sehen, wie es mit den Wechselsprüngen aussah. Ich fuhr zu einem Trimmpfad. Meine Zielvorgabe lautete: beidbeiniges Überspringen einer Langbank, 14 Sekunden Zeit, mindestens 10 Mal hin und zurück für die Note »ausreichend«. Ein »Sehr gut« wurde nach zehn Sprüngen in elf Sekunden vergeben. Hoch motiviert legte ich los. Zehn Sprünge waren kein Problem, 14 Sekunden schon.

Also weiter zum Weitsprung. Hier würde ich für die Note »ausreichend« 4,33 Meter schaffen müssen, doch da ich ein »Sehr gut« anstrebte, mindestens 5,30 Meter. Das war … unerreichbar. Auch die Zeit beim Schwimmen erschien mir bei meinem derzeitigen Trainingsstand utopisch: Zwei Bahnen à 25 Meter in einem beliebigen Schwimmstil. Bei 49,9 Sekunden würde ich ein »Ausreichend«, bei 34 Sekunden ein »Sehr gut« erhalten. Beim Bankdrücken führten 65 Kilogramm zu einem »Ausreichend«, für ein »Sehr gut« benötigte ich mindestens 85 Kilogramm mit einer Wiederholung, die Langhantel ganz auf der Brust.

Auch Klimmzüge standen auf dem Programm: Über die Kinnhöhe hinaufziehen, dreimal für ein »Ausreichend«, 15-mal für ein »Sehr gut«. Mir schwirrte der Kopf. Machbar erschien mir nur eine einzige Disziplin: das Streckentauchen.

Mit 14 Metern würde ich ein »Ausreichend« ergattern, mit 32 Metern ein »Sehr gut« – ich schaffte locker 35 Meter.

Fehlte nur noch das Drehleitersteigen. Wo konnte ich das üben? Ich musste ja immerhin 30 Meter hoch und oben auf der frei stehenden, ausgefahrenen Leiter den Hampelmann spielen, jeweils ein Arm und ein Bein in der Luft, um Schwindelfreiheit unter Beweis zu stellen.

Ganz unten auf dem Flyer las ich: Diese Leistungswerte gelten für Männer und Frauen. Das war bitter, obwohl es mir einleuchtete. Feuerwehrler, das wusste ich längst, ist ein Knochenjob. Man kann schließlich keine Verletzten in brennenden Häusern zurücklassen, weil der Feuerwehrfrau die Puste ausgeht. Meine Recherche ergab, dass es in Deutschland keinen einheitlichen Einstellungstest gibt, sondern eine Vielzahl von Variationen. Das half mir aber auch nicht weiter, denn ich wollte ja nach München. Unbedingt!

Ich fuhr in ein Fitnessstudio und sagte dem Trainer, worauf es mir ankam.

»Hallo, ich bin die Manu, ich möchte bei der Feuerwehr anfangen. Das muss ich können«, ich reichte ihm den Flyer. »Wie kann ich das schaffen?«

Lothar studierte die Vorgaben gründlich. Dann schaute er mich an. Und schwieg.

»Und?«, fragte ich.

»Für einen sportlichen jungen Kerl ist das relativ gut machbar. Für eine Frau ist es schwierig. Das entspricht quasi dem Niveau der bayerischen Meisterschaften. Wie schätzt du dich denn selber ein? Bist du sportlich?«

»Schon.«

»Hast du Sportklamotten dabei?«

»Freilich.«

Lothar wies nach rechts. »Da sind die Umkleidekabinen. Ich schlage vor, du ziehst dich um, und dann schauen wir bei einem Probetraining mal, wo es noch hapert.«

»Gern«, sagte ich.

Zwei Stunden später wusste ich, dass es überall haperte. Ich und sportlich? Nein, ich war ein Couch-Potato! Lothar wollte das nicht hören. Er machte mir Hoffnung. »Du kannst den Einstellungstest schaffen. Wenn«, er machte eine Pause, »du dranbleibst. Du musst gezielt und konsequent trainieren, besonders für die Klimmzüge. Bei denen bist du mit dem Körperbau einer Frau im Nachteil. Aber wenn du es wirklich willst, schaffst du es.«

Ich nickte entschlossen. Ja, ich wollte es. Unbedingt.

Lothar erstellte einen Trainingsplan für mich. Ab sofort fand ich mich jeden zweiten Tag nach dem Dienst beim Roten Kreuz im Fitnessstudio ein. Laufen trainierte ich draußen. Ich war hoch motiviert und freute mich an der schnellen Steigerung meiner Leistung. Die merkte ich nicht nur im Studio, sondern auch während der Arbeit, wenn wir Kranke aus Wohnungen trugen. Der Fitnesszuwachs fühlte sich gut an. Doch nach einer Weile stockte meine Leistung.

»Das ist normal«, tröstete Lothar mich. »Zu Beginn bauen sich die Muskeln schnell auf. Jetzt sind wir in einem Bereich, da musst du dranbleiben und durchhalten, alles geht nun langsamer. Es ist wie beim Abnehmen. Die ersten Pfunde purzeln rasch. Danach geht es ans Eingemachte.«

Ja, es ging ans Eingemachte, und manchmal fiel es mir nun schwer, den inneren Schweinehund zu überwinden. Doch nach wie vor fand ich mich jeden zweiten Tag im Fitnessstudio ein, und draußen lief ich meine Kilometer laut Trainingsplan ab, egal, wie müde ich nach der Arbeit sein mochte und ob es schüttete oder stürmte.

Als ich bei der Wasserwacht um eine Bescheinigung für mein Schwimmabzeichen fragte, meinte mein Kollege Herbert: »Aha. Für was brauchma denn des?«

»Nur so.«

»Wie, nur so?«

»Na, so halt.«

»Glaubst du, ich bin auf der Brennsuppn dahergschwommen?«

Ich schüttelte den Kopf.

»Ich weiß genau, für was man ein Schwimmabzeichen braucht. Ich hab nämlich neulich auch eins gebraucht.«

»Ach ja?«

»Ich hab mich bei der Berufsfeuerwehr beworben.«

»Und?«

»Ist nichts draus geworden. Sauschwere Prüfung.«

»Lag's am Weitsprung?«

»Weitsprung! Da hab ich mir sauber wehgetan. Bin noch drei Wochen danach gehumpelt. Aber das Sportliche im Allgemeinen …«, Herbert machte eine wegwerfende Bewegung. »ist gegen das, was du sonst bringen musst, ein Klacks.«

»Was meinst du damit?«, fragte ich neugierig.

»Na, diese Erörterung!«, stieß er hervor.

»Die Erörterung?«, wiederholte ich fassungslos. Darum hatte ich mir noch keine Gedanken gemacht. Ein Aufsatz halt. Wo war das Problem?

»Das ganze Deutsch. Da musst du auch ein Diktat schreiben«, offenbarte Herbert seine Hürden. »Und dann noch Rechnen. So bescheuerte Textaufgaben. Alles unter Zeitdruck. Die Prüfung ist der Horror. Ohne Abi bist du da aufgeschmissen.«

»Hm«, machte ich.

Er klopfte mir auf die Schulter. »Aber das kann dir ja wurscht sein. Du willst ja nur eine Bescheinigung.«

»Genau«, nickte ich.

»Viel Glück«, gab er mir beim Abschied mit auf den Weg.

Das konnte ich brauchen, denn drei Hürden, die ich womöglich falsch eingeschätzt hatte, trennten mich von meinem Ziel. Ich hatte mich allein auf die Fitness konzentriert, denn die erste und schwierigste der drei Hürden war und blieb für mich der Sporttest. Die zweite Hürde war der schriftliche und die dritte der praktische Teil. Im schriftlichen sollte ich ein Diktat und einen Aufsatz schreiben und Rechenaufgaben lösen. Im praktischen Teil würde mein handwerkliches und technisches Verständnis getestet. Darüber machte ich mir jedoch erst mal keine Gedanken. Sollte ich den Sporttest bestehen, hatte ich ja noch eine Woche Zeit, mich auf den Rest vorzubereiten.

Dass mein Freundeskreis nach und nach mitbekam, was ich vorhatte, steigerte meinen Ehrgeiz. Unaufhaltsam rückte der Termin näher. Ich schwankte zwischen Zuversicht und Verzweiflung. Drei Tage vor dem Termin erwischte mich die schlimmste Grippe meines Lebens. Ich war am Boden zerstört und überlegte, mit Fieber anzutreten. Doch dann siegte die Vernunft, und ich ließ mich zurückstellen. Heute glaube ich, dass diese Grippe die beste meines Lebens war, denn so konnte ich ein halbes Jahr länger trainieren. Ich wollte ja nicht nur bestehen, sondern so gut wie möglich!

Im Februar 2003 erhielt ich meine zweite Einladung zur Prüfung für April.

Lothar sagte: »Du schaffst das.«

Je nach Tagesform glaubte ich das auch. Beim Bankdrücken trainierte ich auf 75 kg. Bei den Klimmzügen schaffte ich trotz harten Trainings noch immer bloß drei. Die Wechselsprünge fielen mir leicht. Der Weitsprung hatte sich in der Sekunde zu meiner Lieblingsdisziplin entwickelt, in der ich erfuhr, dass er nicht mehr verlangt wurde. Stattdessen gab es nun einen Hindernisparcours, den Kasten-Bumerang-Test. Beim Schwimmen kämpfte ich, im Tauchen war ich spitze. Eine Qual war nach wie vor der 1000-Meter-Lauf, doch ich verbesserte meine Zeit stetig. Das Drehleitersteigen ließ ich einfach mal auf mich zukommen, wo sollte ich es auch üben? Die Zeitvorgabe konnte ich nicht einschätzen, ich würde einfach, wie überall, mein Bestes geben.

Der Tag der Wahrheit

Jener schicksalsträchtige 5. April, an dem ich meine Aufnahmeprüfung zur Feuerwehr bestehen sollte, sah nicht nach Frühling aus, sondern nach November. Genauso fühlte ich mich auch: innen und außen wie im Nebel. Geschlafen hatte ich kaum, als ich um halb fünf Uhr morgens mit dem Auto nach München aufbrach, zur U-Bahn Fröttmaning an der A9. An meinem Zielbahnhof am Innsbrucker Ring stiegen auffallend viele junge, dynamische Männer mit großen Sporttaschen aus. Meine Konkurrenten? Ich folgte ihnen und landete bei der Feuerwache 5, wo der Sporttest stattfinden sollte. Immer mehr Männer trafen ein und insgesamt nur eine Handvoll Frauen. Wir wurden in Gruppen zu zirka 30 Delinquenten eingeteilt. Ich war die einzige Frau in meiner Gruppe und staunte nicht schlecht, was die anderen so vorlegten. Tausend Meter unter drei Minuten schienen für sie ein Spaziergang zu sein. Auch dass man einen Kranführer-Kumpel hatte, bei dem man am 70 Meter hohen Baukran das Drehleitersteigen übte, war nichts Besonderes.

»Lass dich nicht entmutigen«, hörte ich da plötzlich eine Stimme in meinem Rücken. Ich drehte mich um und schaute in das sympathische Gesicht eines Feuerwehrlers, der die Sportprüfung mit beaufsichtigte.

Der Leiter der Grundausbildung erklärte uns gerade den Tagesablauf. »Sie müssen zu allen Stationen antreten und alle mit mindestens der Note 4,4 bestehen. Sollten Sie in einer Disziplin nicht bestehen, ist die Prüfung für Sie beendet. Sollten Sie alles bestehen, sehen wir uns in einer Woche auf der Feuerwache 2 zum schriftlichen und praktischen Teil wieder. Ich wünsche Ihnen ein gutes Gelingen und einen verletzungsfreien Tag.«

Wieder erklang eine Stimme in meinem Rücken: »Bleib dran. Du musst nur irgendwie durchkommen. Nicht jeder, der ein guter Sportler ist, kann auch gut rechnen.« Ich drehte mich erneut um und blickte in ein freundliches Paar Augen, das diesmal jedoch einem anderen Feuerwehrler gehörte. Wahnsinn, waren die alle nett! Wenn das meine zukünftigen Kollegen sein könnten! Später erfuhr ich allerdings, dass diese scheinbar so netten, zukünftigen Kollegen auf uns fünf Frauen wie auf Rennpferde gesetzt hatten. Welche würde bestehen und welche nicht? Aber sie wünschten uns alles Gute. Und das beflügelte mich von Station zu Station. Ich schnitt nicht überragend ab, aber doch ganz ordentlich, so wie ich es mit Lothar geübt hatte. Nur die 75 Kilogramm an der Langhantel schaffte ich nicht. Bloß 70 Kilogramm, immerhin fünf mehr als verlangt. Und 15 entfernt von einem »Sehr gut«.

Meine zweite Horrordisziplin nach dem Schwimmen war das Laufen. Es war die vorletzte Station am Nachmittag, mitten drin in meinem Leistungstief. Nachmittags waren meine Beine tonnenschwer. Fünferweise traten wir an, jeder trug ein Leiberl mit einer Nummer. »Auf die Plätze, fertig, los!« Schon ein paar Meter nach dem Start lag ich hinten. Sie liefen mir alle davon. Und nicht nur das. Sie überrundeten mich auch alle. Weiter! Nicht aufgeben! Weiter! Ich atmete gefühlt Tausende scharfer Messer ein, und meine Füße brannten. So peitschte ich mich durchs Ziel. Vier Minuten, zehn Sekunden. Gerade noch. Ausreichend. Am liebsten wäre ich einfach umgefallen.

»Super gmacht, Madl!« Ein älterer Feuerwehrler reichte mir eine Wasserflasche.

Es rührte mich sehr, dass ich so willkommen war. Hin und wieder hatte ich in den letzten Wochen befürchtet, »rausgeprüft« zu werden, wie man sagt. Ich hatte befürchtet, nicht willkommen zu sein als Frau bei der Feuerwehr – warum sonst war der Test so hart? … Mittlerweile ist mir völlig klar, dass ein ganz anderer Grund dahintersteckt: Weil es um Menschenleben geht, ganz einfach.

Der Koordinationstest zum Schluss bereitete mir keine Schwierigkeiten, und ich stellte staunend fest, dass von meiner Gruppe nur noch 15 Teilnehmer übrig waren. Die andere Hälfte war ausgeschieden. Sogar der mit dem Kranführer-Kumpel fehlte. So schlecht konnte ich also nicht sein. »Wir sehen uns nächste Woche wieder«, verabschiedete uns der Gruppenleiter.

»Und?« Mein Freund riss die Wohnungstür auf. Als er mich ansah, erschrak er und breitete seine Arme aus: »Oh je.«

»Bestanden«, krächzte ich.

»Was?«

Als ich in den Spiegel schaute, verstand ich seine Irritation.

Ich sah fix und fertig aus. Nur meine Augen nicht. Die funkelten vor Glück.

Mein Freund hatte gekocht. Beim Essen schlief ich fast ein, und dabei musste ich noch nach Weißenburg zurück, weil ich am nächsten Tag Dienst hatte. Wie ich den bewältigen sollte, war mir schleierhaft; ich konnte mich kaum noch bewegen. Mein Ganzkörpermuskelkater wurde sogar noch schlimmer, er schrieb sich »von und zu« und hielt sich hartnäckig. Aber von Ausruhen konnte keine Rede sein. Es blieben mir ja nur noch sechs Tage, um mich auf die folgenden Herausforderungen vorzubereiten, von denen ich nicht mal wusste, wie sie aussahen. Daher beschloss ich, das Schlafen erst mal auf ein Minimum zu reduzieren und mich vor allem um Mathe zu kümmern. Auch eine Erörterung sollte ich vielleicht mal schreiben, war da nicht die Gliederung ausschlaggebend? Das musste ich herausfinden. Und wie war das noch mal mit der neuen Rechtschreibung? Gab es das scharfe S jetzt noch oder nicht mehr? Irgendjemand musste mir etwas diktieren.

»Was soll ich?«, fragte mein Freund am Telefon.

»Wir machen ein Diktat«, diktierte ich.

»Bin ich froh, wenn das vorbei ist«, seufzte er.

Damit sprach er mir aus der Seele.

Noch ein Tag der Wahrheit

Diesmal übernachtete ich vor der Prüfung in München. Ich hätte genauso gut daheim bleiben können, denn ich tat kein Auge zu. Am zweiten Tag der Wahrheit, dem Tag der schriftlichen und praktischen Prüfung, hatten sich die Reihen der Bewerber schon stark gelichtet. Etwa die Hälfte lag noch im Rennen. Nach der Begrüßung zogen wir Nummern. Ich hatte

Glück mit der 17 und würde nicht lange warten müssen. Wir starteten mit der Erörterung, aus drei Themen durften wir eines wählen. Es lief gut bei mir. Bei meinen beiden Nachbarn war es nicht offensichtlich so gut gelaufen, wie ich ihrem Gespräch entnahm. Der eine stöhnte: »Das ist ganz schön heftig. In einer Stunde drei Erörterungen schreiben!«

»Wieso drei Erörterungen?«, fragte der andere. »Ich hab nur eine Gliederung abgegeben. Das hat mir meine Freundin gesagt: Am wichtigsten bei der Erörterung ist die Gliederung.«

Oh, wie leid taten mir die beiden. Ich brachte es jedoch nicht übers Herz, ihren Irrtum aufzuklären.

Das Diktat gab der Verwaltungsinspektor Christian Dickenhorst. Brav schrieben wir mit. Scharfes S oder Doppel-S, ich hatte jedenfalls ein gutes Gefühl. In Mathe lösten wir Textaufgaben und Flächenberechnungen, widmeten uns dem Dreisatz und Bruchrechnungen. Und dann gab es Mittagessen. Ich brachte keinen Bissen runter.

Mit der Startnummer 17 musste ich auch im praktischen Teil nicht lange warten, was mir sehr entgegenkam, da sich meine Aufregung mittlerweile ins Kaum-mehr-Erträgliche gesteigert hatte. In der großen Halle der Feuerwache waren mehrere Stationen aufgebaut. Zwei Feuerwehrler nahmen mich in ihre Mitte. »Grüß Gott. Wir werden die nächste halbe Stunde miteinander verbringen. Zuerst machen wir ein kleines Vorstellungsgespräch. Wir würden gern wissen, warum Sie Feuerwehr …, äh, … Frau werden wollen, und stellen Ihnen ein paar Fragen. Dann folgt der praktische Teil. Bitte hier entlang.«

Das Gespräch lief sehr gut für mich. Dann lag da dieser Holzrahmen auf dem Boden. »Stellen Sie sich vor, das ist ein Schacht. Sichern Sie ihn so, dass niemand reinfallen kann. Sie dürfen jedes Werkzeug verwenden, das hier am Rand liegt. Wenn Sie eine Hand zum Helfen brauchen, sagen Sie es. Die Sicherung, die Sie bauen, darf nicht verrutschen. Ferner dürfen Sie in den gedachten Schacht keinen Nagel einbringen. Sie haben acht Minuten Zeit, diese Aufgabe zu lösen. Nebenbei stellen wir Ihnen ein paar Fragen.«

»Okay«, nickte ich, in Wirklichkeit hatte ich wenig verstanden. Ich schaute mir das Werkzeug an und überlegte. Dann griff ich zur Säge, holte mir ein Stück Holz, maß es aus und fing an.

Beim Sägen fragte ein Feuerwehrler mich: »Was bedeutet SMS?«

»Short Message Service«, antwortete ich und sägte weiter.

»Sagt Ihnen der Begriff SARS etwas?«, wollte der andere wissen.

»Das ist ein asiatischer Grippevirus«, erwiderte ich und griff nach Hammer und Nägeln.

»Wie heißt der Oberbürgermeister von München?«

»Christian Ude.« Ich schlug einen Nagel in das Brett.

»Wer war der erste Mensch auf dem Mond? Bis wie viel Tonnen darf man mit einem Autoführerschein fahren? Gibt es traditionelle Regeln für ein Weißwurstfrühstück? Wann und wo findet die nächste Fußballweltmeisterschaft statt? Bei wie viel Grad kocht Wasser? Wie heißt die Hauptstadt der Schweiz?«

Ruhig beantwortete ich alle Fragen. Sie versiegten bald. Ich hatte bewiesen, dass ich mich mit verschiedenen Dingen gleichzeitig beschäftigen konnte, ohne in Stress zu verfallen. Nun durfte ich mich in Ruhe meiner Aufgabe widmen. Ich nahm mir zwei Bretter und ein kurzes Stück Holzlatte, sägte alles passend und vernagelte die Bretter.

»Fertig.«

»Die Aufgabenstellung lautete, dass der Deckel nicht verrutschen darf.« Der Feuerwehrler rückte den Deckel mit dem Fuß zur Seite.

Mist! Das hatte ich vergessen.

»Dann mach ich die Latte kürzer und drehe das Ding um«, sagte ich.

»Gute Idee. Passt so.«

Sein Kollege reichte mir ein Blatt. »Schneiden Sie ein Quadrat raus, möglichst groß.«

Ich faltete das Blatt, als wollte ich einen Hut basteln, klappte die überstehende Ecke um und reichte es ihm.

»Gut«, nickte er.

Als Nächstes sollte ich bei einem Stück Draht an jedem Ende eine Öse biegen. Im Fach Grundtechniken in der Floristenschule hatte ich mich ausführlich mit solchen Aufgaben beschäftigt. Ein Kinderspiel.

»Super«, sagte der Prüfer und reichte mir ein Modell von einem Flaschenzug. »Hier ist eine Umlenkrolle, hier eine lose Rolle. Die Last, die dranhängt, beträgt 100 Kilogramm. Wenn man es so einhängt«, er zeigte mir, was er meinte, »mit wie viel Kraft muss man dann ziehen?«

Das war ja total einfach, so einfach, dass ich zögerte. Wollten die mich veräppeln? Nein, wahrscheinlich nicht. Die halbe Kraft. Man muss allerdings den doppelten Weg zurücklegen, und, wenn man nur die Umlenkrolle nutzt, mit der ganzen Kraft ziehen, braucht aber auch weniger Seil.

»50«, sagte ich.

»Prima. Aber jetzt haben wir ein Problem.«

Oje, fuhr es mir durch den Kopf.

»Mein Kollege hier«, fuhr der Prüfer fort, »hat sich verletzt.«

Der Kollege zeigte mir seine Hand, in der ein Nagel zwischen zwei Fingern steckte. »Stellen Sie sich vor«, wurde ich aufgefordert, »der Nagel befindet sich in der Hand. Was tun Sie?«

Das war mein tägliches Brot im Rettungsdienst, also musste ich nicht lange überlegen. Auf keinen Fall würde ich den Nagel rausziehen. Ich fixierte ihn und verarztete den Patienten fachgerecht. Auch die weiteren Aufgaben aus der Abteilung medizinische Versorgung erledigte ich dank meiner Ausbildung souverän.

»Dann hätten wir noch ein paar Fragen.«

»Ja?«

»Zählen Sie mal die Bundesländer mit ihren Hauptstädten auf. … Schätzen Sie mal, wie groß diese Halle hier ist. … Sehen Sie das blaue Regenfass da drüben? Es ist zur Hälfte voll. Was glauben Sie, wie schwer es ist? … Wie schnell ist Schallgeschwindigkeit?«

Wie im Flug verging die Zeit, und auf einmal wurde ich verabschiedet: »Sie hören von uns.«

Ein Feuerwehrler geleitete mich zur Schranke, damit ich den Wartenden nichts verraten konnte. Dann stand ich draußen auf der Aidenbachstraße. Und jetzt? Wohin? Alles, wofür ich in den letzten Wochen gelebt hatte, war vorbei. Jetzt war der Tag X. Ich hatte nur bis hierher und nicht weiter gedacht und wusste noch immer nicht, ob ich bestanden hatte. Nun hatte ich es nicht mehr in der Hand. Ich hatte mein Bestes gegeben. Würde es reichen? Das hing davon ab, wie sich meine Mitbewerber bewährt hatten, denn von den zirka 180 Teilnehmern würden voraussichtlich 20 eingestellt. Ich musste einen Platz unter den ersten 20 ergattern, um mein Ziel zu erreichen. Zur Beruhigung kaufte ich mir in einer Bäckerei einen Cappuccino und ein Stück Mohnkuchen. Da sah ich ein Plakat der Ausstellung »Körperwelten«. Mit der U-Bahn fuhr ich zum Olympiagelände und schaute mir die Ausstellung an.

Die trug nicht dazu bei, dass sich meine Gefühlslage klärte, ganz im Gegenteil: Ich hatte noch mehr gemischte Gefühle.

Grünes Licht für rotes Blaulicht

Es dauerte eine gefühlte Ewigkeit, in der ich mehrmals am Tag Kontakt zu meinen Briefkasten aufnahm, bis endlich Post von der Landeshauptstadt München kam. Ein dickes Kuvert. Viel zu dick für ein Ja. Da waren wahrscheinlich meine Bewerbungsunterlagen drin: Zu unserer Entlastung senden wir Ihnen …

Ich legte das Kuvert auf den Tisch. Schlich um den Tisch. Griff nach dem Kuvert. Befingerte es. Da war keine Mappe drin. Ich hatte meine Unterlagen in einer Mappe geschickt.

Ich öffnete das Kuvert genau so, wie ich als Kind angehalten worden war, Weihnachtsgeschenke zu öffnen: Langsam und sorgfältig. Mein Blick fiel auf ein Prüfungszeugnis. Ich spürte mein Herz im ganzen Körper schlagen, und Hitze schoss mir ins Gesicht. Ich las das Begleitschreiben wieder und wieder – und dennoch dauerte es Minuten, bis die Nachricht mich erreichte: Ich hatte es geschafft. Geschafft!

»Mit Ihnen haben 131 Bewerber bestanden. 30 davon werden eingestellt. Sie sind auf Platz 15. Wir bitten Sie, im Gesundheitsamt München beim Amtsarzt vorstellig zu werden.

Achtung: Kündigen Sie auf keinen Fall Ihre derzeitige Anstellung, ehe Sie die medizinische Zusage erhalten.«

Jetzt war es nur noch eine Hürde. Auch diese schaffte ich und erhielt Ende Juli 2003 endgültig grünes Licht für rotes Blaulicht. Sofort rief ich den Kreisgeschäftsführer beim Roten Kreuz an und bat um einen Termin.

»Um was geht's?«

»Das möchte ich gern persönlich besprechen«, sagte ich am Telefon und führte im Chefzimmer aus, dass ich mich bei der Feuerwehr beworben hatte.

»Haben Sie sich das gut überlegt?«

»Ja.«

»Das ist kein leichter Job.«

»Ich weiß.«

»Schade. Wir hätten Sie gern behalten. Aber Sie wissen ja ziemlich genau, was Sie wollen.«

»Ja.«

»Dann wünsche ich Ihnen viel Glück bei den Floriansjüngern«, sagte der Geschäftsführer und drückte auf die Taste seiner Sprechanlage. »Rufen Sie den Rettungsdienstleiter an«, beauftragte er seine Sekretärin. »Er soll dem Bewerber, der sich gestern vorgestellt hat, zusagen.«

Niemand ist unersetzlich. Ein anderer freute sich nun genauso, wie ich mich freute!

In den letzten Wochen beim Roten Kreuz rannte mir die Zeit davon. Was ich alles organisieren musste! Ich brauchte eine Wohnung in München, und die Suche gestaltete sich als schwierig. Ich musste meinen Umzug vorbereiten, mich abmelden und anmelden, Abschiedsrunden bei den ans Herz gewachsenen Freunden drehen – und das alles in meiner kargen Freizeit nach den Diensten. Meine Freunde schlugen vor, ich solle eine große Wohnung in München mieten, damit sie mich oft besuchen könnten. Als ich ihnen die Mietpreise vorlas, glaubten sie, ich scherze. Ich schätzte mich glücklich, dass ich auf den letzten Drücker noch eine Art Wohnklo mit Kochnische ergatterte. Fünfter Stock, Dachgeschoss, zentrale Lage – so lautete die Annonce. Ja, sehr zentral. Direkt an der vierspurigen Rosenheimer Straße in Haidhausen, mittendrin im Szeneviertel. Das kostete.

Für meine mehr als doppelt so große Wohnung in Weißenburg bezahlte ich gerade mal die Hälfte. Aber ich hatte keine Wahl. Als Berufsfeuerwehranwärterin verdiente ich um die 1000 Euro; krankenversichern musste ich mich selbst. Da blieb nicht viel zum Ausgeben bei 500 Euro Miete. Aber dazu hatte ich ohnehin keine Zeit. Im nächsten halben Jahr würde ich rund um die Uhr mit Lernen beschäftigt sein.

Am 29. September 2003 legte ich mit 29 Kollegen im Rathaus am Marienplatz meinen Diensteid ab. »Ich schwöre Treue dem Grundgesetz für die Bundesrepublik Deutschland und der Verfassung des Freistaates Bayern, Gehorsam den Gesetzen und gewissenhafte Erfüllung meiner Amtspflichten, so wahr mir Gott helfe.«

Wer nicht »so wahr mir Gott helfe« sagen wollte, konnte ausweichen auf »ich schwöre« oder »ich gelobe«.

Nun hatten wir 30 frischgebackenen Feuerwehranwärter eine sechsmonatige Grundausbildung vor uns, an deren Ende eine Prüfung darüber entscheiden würde, ob wir in den Feuerwehrdienst übernommen werden und damit in das Beamtenverhältnis auf Probe. Dieses sollte zwei Jahre dauern und nach einer positiven Beurteilung in den Beamtenstand münden mit der Dienstbezeichnung »Brandmeisterin«.

Ich wollte keine Quotenfrau sein. Ich wollte richtig gut sein. Und deshalb lernte ich in jeder freien Minute. Morgens um 7:00 Uhr trafen wir uns auf der Feuerwache 2 an der Feuerwehrschule, um 7:25 Uhr begann der Unterricht. Auf dem

Lehrplan standen Theorie, Praxis und Dienstsport. Ich fand alle Fächer spannend und hochinteressant. Wie funktioniert Verbrennung, wie löscht man richtig, wie geht man mit der Kettensäge um? Die Themengebiete reichten von Atemschutzausbildung, Chemie, Gefahrgutlehrgang, Elektrizitätslehre, Mechanik, technischer Hilfeleistung, Umgang mit exotischen Tieren, Beamtenrecht, Deutsch, Fahrzeug- und Gerätekunde bis hin zu Wasser- und Höhenrettung. Dazwischen gab es Tests. Und noch mehr Tests.

Am Spätnachmittag endete der Unterricht, ich machte eine Stunde Sport, fuhr nach Hause, aß und lernte. Um 21:30 Uhr war Schicht im Schacht. Meistens schlief ich sofort ein und bekam überhaupt nicht mit, dass ich an einer der lautesten Straßen Münchens wohnte.

In der Grundausbildung war ich die einzige Frau. Meine Mitbewerberinnen beim Einstellungstest hatten es nicht geschafft. Die Stimmung an der Schule war großartig. Ich fühlte mich sehr wohl. Schade, dass wir nach der Prüfung nicht zusammenbleiben konnten. In München gab es seinerzeit 30 Wachabteilungen. Wer wohin sollte, darüber würde das Los entscheiden.

»Du lost nicht, Manu«, hieß es.

Meine Wachabteilung stand von Anfang an fest. Denn nur die Feuerwache 1 in der Innenstadt verfügte über einen Damen-Ruheraum.

Ein Wachtag im Oktober

»Du hast ja wieder ordentlich Holz gemacht«, beschwert sich Matthias während des Frühstücks bei Sascha. »Kein Wunder, dass wir Waldsterben haben. Wie viel Ster waren es diesmal? Die reinste Ruhestörung ist deine Schnarcherei.«

»Hab nix gehört«, brummt Sascha.

»Ja, du nicht.«

Ich grinse.

»Grins du nur«, meint Matthias gutmütig. »Du musst es ja bloß mit dir selber aushalten.«

Das ist wohl wahr. Bei der Feuerwehr bin ich quasi ein Einzelkind, allein im Damen-Ruheraum. Das hat nicht nur Vorteile, sondern auch einen Nachteil: Niemand weckt mich auf, wenn ich einen Alarm nicht gleich höre. Trotzdem habe ich fast noch nie verschlafen. Und das soll auch so bleiben, sonst muss ich mir das die nächsten hundert Jahre noch anhören. So wie Lauxi. Der hat in zwölf Jahren einmal einen Alarm überhört. Vielleicht hat es auch nur deshalb niemand vergessen, weil Lauxi so viele deutsche Tugenden verkörpert: Er ist ordentlich, pünktlich, aufrichtig und zuverlässig, und er trägt stets blitzsaubere Stiefel.

Wir sollten zusammen den RTW fahren. Der Gong ertönte, Zeit verging – keine Spur von Lauxi. Ich bat den Kollegen von der Nachrichtenstelle, eine weitere Alarmdurchsage zu machen.

»Einsatz für den RTW.«

Sekunden später rutschte ein Blitz die Stange runter.

»Wohin?«, rief Lauxi.

»Schrannenhalle«, erwiderte ich knapp.

»Wo?«, fragte er noch einmal, während er den Wagen startete. Lauxi war an diesem Wachtag als Fahrer eingeteilt.

»Gleich ums Eck«, sagte ich. Veräppelte er mich? Die Schrannenhalle befindet sich direkt hinter der Feuerwache.

»Wo genau?«, wollte Lauxi wissen, und da merkte ich, dass er sozusagen noch immer abging. Diesmal sich selbst.

»Rechts oder links?«, fragte er.

»Links«, sagte ich. Ich kannte den Zustand, in dem er sich befand. Mitten in der Nacht aus dem Schlaf gerissen, fallen einem die einfachsten Dinge manchmal nicht mehr ein.

»Jetzt links?«

»Ja, jetzt.«

»Ach so!« Allmählich wachte er auf.

Als wir ankamen, war auch Lauxi wieder voll da.

Dieser Kollege, ein Vollblutfeuerwehrmann, stammt, wie einige andere in München, aus der ehemaligen DDR. Schon von klein auf wusste er, welchen Beruf er einmal ergreifen würde. In der DDR konnte man seinerzeit im zarten Alter von sechs Jahren bereits einen Vorverpflichtungsvertrag unterschreiben. Man bekam einen Paten von der Feuerwehr zur Seite gestellt, der einen an seine spätere Tätigkeit heranführte.

Lauxi konnte das Großwerden kaum abwarten. Doch dann kam die Wende, und alles war anders. Der Vorverpflichtungsvertrag galt nicht mehr. Eine Katastrophe für Lauxi, der nie etwas anderes werden wollte als Feuerwehrmann. Es dauerte lang, bis sich sein Traum verwirklichte, und dazu absolvierte er unzählige Einstellungstests in ganz Deutschland. Solche wie Lauxi gibt es viele, Einstellungstesttouristen sozusagen. Seine Liebe zur Feuerwehr war so tief, dass er sich immer weiter von der Heimat entfernte und schließlich in München landete. Auf den Einstellungstest kann man sich nicht wirklich vorbereiten. Überall wird etwas anderes verlangt. In München passte jedoch alles für Lauxi. Auch ich bereute nie meinen Entschluss hierherzuziehen. Auch wenn es mit der ersten Liebe in München, die mich in die große Stadt lockte, langfristig nichts wurde. Dafür lernte ich hier einige neue Lieben kennen, die es auf einem Weiler nicht gibt, wo man bei Kultur eher an Bodenbeschaffenheit denkt.

Kostenloser Kulturgenuss

Ein Berufsfeuerwehrler hat nicht nur Dienst auf einer Feuerwache, sondern auch in Theatern, Fußballstadien und Konzertsälen. Bei jeder größeren Veranstaltung ist die Feuerwehr mit einer Sicherheitswache präsent. In München gibt es seit 1879 eine ortspolizeiliche Vorschrift für die Feuerpolizei in Theatern, nachdem es einige verheerende Brände gegeben hatte. Einer der schlimmsten brach am 8. Dezember 1881 am Wiener Ringtheater aus. Von den mindestens 384 Toten starben die wenigsten durch Rauch und Feuer: Es kam zu einer Massenpanik, aus der es kein Entrinnen gab, da die Türen an den Notausgängen nach innen aufgingen. Die Notbeleuchtung bestand mehr oder weniger aus Attrappen, man hatte aus Kostengründen kein Öl nachgefüllt. Seinerzeit wurden Theater mit Kerzen oder Gaslampen beleuchtet. In Letzteren versagte die Zündvorrichtung. Dennoch strömte Gas aus und entzündete sich schließlich, was den Brand verursachte. Die Bausubstanz von damals ist nicht mit der heutigen vergleichbar. Es wurde sehr viel mit Holz und Stroh, also brennbaren Materialien gebaut. In vielen Häusern befanden sich offene Feuerstätten, Zunftbetriebe wie Bäckereien und Schmieden standen in engen Gassen nah an Wohnhäusern. Und wenn es mal brannte, kam keine Feuerwehr mit Blaulicht und Sirene. Es gab weder Hydranten noch eine Feuerlöschkreiselpumpe, weder Druckschläuche noch Hohlstrahlrohre. Alles war reine Handarbeit, so auch die Eimerkette, und statt Plastik benutzte man Leder.

Dieser Brand, der das Ringtheater in Schutt und Asche legte, hatte Auswirkungen auf den vorbeugenden Brandschutz und führte zu zahlreichen gesetzlichen Bestimmungen – wie beispielsweise zum eisernen Vorhang. Der hat nichts mit dem Kalten Krieg zu tun, sondern ist eine bauliche Brandschutzeinrichtung in Versammlungsstätten. Innerhalb von 30 Sekunden muss er rauchdicht schließen. Die Brandvorschriften allein für Theater füllen viele Bücher, was oft zu Meinungsverschiedenheiten zwischen Künstlern und Sicherheitsbeauftragten führt. Nicht alle Visionen eines Regisseurs können aus Sicht des Brandschutzes gestattet werden. Aber man kann sich auch gegenseitig inspirieren, wie die kreative Gestaltung manch eines eisernen Vorhanges zeigt, der in ein Gemälde verwandelt wurde. Zur Einhaltung der Vorschriften ist das Theater oder die Versammlungsstätte verpflichtet. Zur Kontrolle und zum schnellen Eingreifen, wenn doch einmal etwas passiert, ist eine Feuersicherheitswache anwesend. Wir sind quasi wie ein Airbag – im Idealfall unsichtbar. Allein die Anwesenheit der Feuerwehr sorgt dafür, dass niemand auf die Idee kommt, die Vorschriften zu übertreten. Das ist nämlich schnell passiert: Man verkeilt Türen, um sie nicht dauernd öffnen und schließen zu müssen, wenn man etwas auf die Bühne trägt, stellt noch ein paar lose Stühle in den Zuschauerraum, weil die Veranstaltung ausverkauft ist. Was aus Bequemlichkeit oder Unwissenheit geschehen mag, lässt die Feuerwehr nicht durchgehen. Denn wenn es zu einer Panik kommt, werden unbefestigte Gegenstände zu Fluchtfallen, und offene Türen sind ein gefundenes Fressen für ein Feuer. Jede feuergefährliche Handlung muss genehmigt werden. Dazu zählt bereits eine Zigarette, die auf der Bühne geraucht wird, oder ein angezündetes Streichholz.

Es gibt Kollegen, die sehen in der Sicherheitswache ein Highlight. Dazu gehöre ich. Das kulturelle Angebot in München ist immens, und die Feuerwehr verschaffte mir schon häufiger freien Eintritt zu einer Reihe von unvergessenen Veranstaltungen – wenn auch aus einem ungewöhnlichen Blickwinkel, nämlich seitlich auf der Bühne sitzend. So sehe ich eigentlich zwei Vorstellungen: die für das Publikum und die, die hinter der Bühne läuft. Hin und wieder bin ich mehrmals in denselben Stücken und erkenne, wann es gut und wann nicht so gut läuft. Ich habe zahlreiche bekannte Schauspieler gesehen und mitbekommen, wie abergläubisch viele sind. Zum Beispiel darf niemals im Theater gepfiffen werden, das würde ja quasi das Auspfeifen vorwegnehmen. Oder man wünscht sich »toi, toi, toi«, und die Applausordnung wird nicht geübt. Beides bringt Unglück. Manche Schauspieler sind dermaßen nervös, dass man sie vor der Vorstellung weder ansprechen noch anschauen darf. Hiervon ist die Feuerwehr nicht entbunden. Manche Künstler sind hochempfindlich, wenn sie sich auf den Auftritt vorbereiten, um in die Rolle zu finden. Sie machen Sprechübungen, verziehen das Gesicht, singen sich ein. Und ich bin nur ein paar Schritte von ihnen entfernt, Mäuschen hinterm Vorhang. Das ist ziemlich spannend. Zu meinen persönlichen Highlights gehörten Anna Netrebko, Robbie Williams, Eros Ramazotti, die Rolling Stones, Fußballendspiele in der Allianz Arena, die Münchner Philharmoniker, Schwanensee … und noch einige mehr. Sicher, es kann auch mal anstrengend werden – zum Beispiel nach acht Stunden tibetischer Tempelklänge, bei denen ein Mönch hingebungsvoll immer dieselbe Saite eines Instrumentes zupfte, was bei mir nicht zur Erleuchtung, sondern zur Ermüdung führte. Man kann sich die Vorführungen nicht aussuchen – doch oft gehe ich bereichert nach Hause.

Einige meiner Kollegen dagegen empfinden kulturelle Dienste als Höchststrafe. Aber auch diese Aufgabe gehört zum Einsatzbereich der Feuerwehr. Sie wird zusätzlich vergütet. Wer allerdings ein gewisses Soll erfüllt hat, kann tauschen – und es gibt immer Kollegen, die ihre Freizeit, so wie ich, gerne mit Kultur verbringen. Manchmal beneide ich allerdings das Publikum, das einfach aufstehen und gehen kann, wenn es ihm nicht gefällt. In München haben wir zuweilen 50 Dienste pro Abend zu vergeben. Je nach Funktion ist jeder Feuerwehrler zwei- bis viermal im Monat dran. Natürlich kann man sich auch etwas wünschen, doch meistens steht man mit seinem Wunsch nicht alleine da. Zu Bon Jovi oder dem FC Bayern wollen viele.

Bei einer Brandsicherheitswache im Theater finde ich mich in der Regel eine halbe Stunde vor Beginn der Vorstellung ein, spreche mit dem Bühnenmeister, kontrolliere den Szeneriebucheintrag, informiere mich, ob feuergefährliche Handlungen vorgesehen sind. Gibt es Besonderheiten, Zigarette, Streichholz, Pyrotechnik, Bühnennebel? Ich werfe einen Blick in die Aschenbecher: Sobald auf der Bühne geraucht wird, müssen sie mit Wasser oder Sand gefüllt sein. In großen Häusern wie dem Nationaltheater sind wir zu fünft. Selbstverständlich kontrollieren wir auch die Feuerwehrzufahrten und Notausgänge und sprechen mit dem sogenannten Delegierten, der im Zuschauerraum sitzt. Sollte es zu einem unvorhergesehenen Vorfall und womöglich einer Panik kommen, ist es seine Aufgabe, für Ordnung im Zuschauerraum zu sorgen. Der Delegierte wird von der Stadt bestellt. Er kann in der Person des Oberbürgermeisters im Saal sitzen, als Stadtrat, freiwilliger Feuerwehrler oder Verwaltungsbeamter, hin und wieder handelt es sich auch um einen pensionierten Berufsfeuerwehrkollegen. Ein Theaterarzt ist anwesend und natürlich eine Sanitätsabstellung. All diese Personen, die für die Sicherheit des Publikums sorgen, sind für die meisten Zuschauer unsichtbar – und die würden sich wundern, wenn sie wüssten, wie viele Sicherheitsvorschriften, Brandschutzgesetze und Verordnungen in so einem Theaterabend stecken.

Zum Glück musste ich selbst noch nie auf die Bühne. Mein Kollege Franz hatte jedoch in einer Vorstellung einmal einen doppelten Auftritt: Er musste Leben retten und löschen. Kurz vor der Pause wurde er in eine Loge gerufen. Ein älterer Herr hatte einen Herz-Kreislauf-Stillstand erlitten. Der Theatergast wurde nach draußen gebracht und reanimiert, ohne dass die Zuschauer etwas davon mitbekamen. Auch wenn ein Arzt im Publikum sitzt, heißt das nicht, dass er notfallmedizinisch auf dem neuesten Stand ist. Ärzte haben sich meistens spezialisiert und kommen aus unterschiedlichen Fachrichtungen. Notfallmedizin ist dabei ein Fachbereich von vielen anderen.

Der zweite Auftritt meines Kollegen folgte dann gleich nach der Pause. Da begann ein Scheinwerfer plötzlich zu kokeln. Franz ließ den eisernen Vorhang fahren, löschte den Scheinwerfer und musste dann trotz heftigen Widerstands beim Schlussapplaus mit auf die Bühne – als Mitwirkender an der Aufführung. Das fand er anstrengender, als ein Leben zu retten und zu löschen. An Applaus sind wir Feuerwehrler wahrlich nicht gewöhnt.

Die Wiesn als Feuerwehr-Hochsaison

Ende September, Anfang Oktober findet jedes Jahr die Wiesn statt. Am zweiten Oktoberfestwochenende ist München als nördlichste Stadt Italiens fest in italienischer Hand. Als Münchner hat man nur zwei Möglichkeiten: Entweder man liebt die Wiesn, oder man hasst sie. Die Feuerwehr ist jedenfalls sehr beschäftigt in dieser Zeit.

Der Notarzt auch. Was die Wiesnbesucher nicht wissen: Wenn das Volksfest losgeht, steckt bereits ein Jahr planerische Arbeit in der Veranstaltung, auch seitens der Feuerwehr. Dies betrifft Fluchtwege, Feuerwehrzufahrten, Brandschutzeinrichtungen, Alarmpläne und auch den Massenanfall von Verletzten, ganz zu schweigen von den Alkoholleichen. Über alle diese Eventualitäten machen wir uns Gedanken. Auch die Polizei, die Rettungsdienste, verschiedene Referate der Stadt München bis hin zum Oberbürgermeister – Hunderte von Menschen sorgen im Vorfeld für einen sicheren und nach Möglichkeit friedlichen Ablauf. Sobald die eine Wiesn vorüber ist, beginnt die Planung für die nächste.

Hier treffen verschiedenste Interessen aufeinander. Während die Wiesenwirte am liebsten Festzelthochhäuser aufstellen würden, in denen noch mehr Besucher konsumieren können, wünschen sich Polizei, Rettungsdienst und Feuerwehr … einfach nur Urlaub.

Zum Oktoberfest sind sehr viele Touristen in München. Einige versuchen sich mit Tirolerhut, Lederhos'n, Tennissocken und weißen Turnschuhen als Einheimische zu tarnen. Spätestens wenn sie nach dem Weg fragen, fliegen sie auf. Zur Wiesnzeit werden wir sehr oft nach dem Weg gefragt, und nicht nur das. Als Uniformträger sind wir auch Ansprechpartner für Auskünfte aller Art: zum Beispiel, was Fahrpläne für öffentliche Verkehrsmittel angeht, günstige Übernachtungs- und Einkaufsmöglichkeiten, gute Kneipen und vieles mehr.

Rudimentäre Fremdsprachenkenntnisse schaden in diesen internationalen zwei Wochen nicht: »Hello. Where are the girls? Where is the Bierfestival?« Viele Touristen fliegen von weit her ein, andere kommen mit dem Auto.

So wie jener Italiener, der uns am Sonntag des zweiten Wiesnwochenendes – dem stadtbekannten »Italienerwochenende«, das ich gern »Die Rache für Rimini« nenne – heftig gestikulierend um Hilfe bat. Wir hatten keine Ahnung, was er von uns wollte, und er sprach so schnell, dass wir ihn zuerst für einen Spanier hielten. Aber wie gesagt, es war ja das zweite Wiesnwochenende, und als wir unsere sprachlichen Urlaubsbrocken plus Volkshochschule zusammenwarfen, verstanden wir ihn endlich: Sein Auto war weg. Nein, nicht geklaut. Er fand es bloß nicht mehr. Ein Alfa Romeo, rot, was sonst. 20 Minuten entfernt vom Augustiner Festzelt. Bloß wo? Stundenlang sei er durch die Straßen gelaufen. Nichts. Ob wir ihm helfen könnten.

»Ajuto sicuro«, nickte ein Kollege, der immerhin eine Stunde Volkshochschulkurs in italienischer Sprache hinter sich hatte, nachdem seine Frau ein Jahr lang auf Bayerisch auf ihn eingeredet hatte.

»Come guardare automobile?«, fragte ein anderer.

»Hat er doch schon gesagt. Alfa Romeo!«, rief Christian, »In Rot!«

»Azzuro.«

»Schmarrn, des wär blau! Das Meer ist Azzuro.«

»Und der Alfa rot«, grinste ich.

»Wieso hat er sich die Straße nicht aufgeschrieben, wo er geparkt hat, so was macht man doch«, meinte Stefan.

»Dem wird's pressiert haben«, stellte Frank fest.

»Azzuro«, nickte ich.

»Si, si!«, bestätigte der Italiener, fasste sich an den Kopf, rief etwas, was nach einem ausgewachsenen Fluch klang, und kramte in seiner Hosentasche.

»La strada! La strada!«

»Na also! Hat er die Straße doch aufgeschrieben«, meinte Stefan.

Strahlend reichte uns der Italiener einen zerknitterten Zettel. »Einbahnstraße« stand drauf. Die Schilder sind tatsächlich blau, also azzuro. Trotzdem musste die Feuerwehr ausnahmsweise mal passen …

Notarzteinsätze – vom eingewachsenen Zehennagel zum Herzinfarkt

Obwohl der Notarzt zu uns gehört, geht es auf der Notarztwache anders zu als auf der Feuerwache. Die Kollegen dort sind nicht zu fünfunddreißigst, sondern zu dritt: zwei Feuerwehrler und ein Notarzt. Hin und wieder begleitet uns ein Medizinstudent oder ein Kollege in Ausbildung zum Rettungssanitäter oder Rettungsassistent. Als Rettungsassistentin werde ich öfter zum Dienst an der Notarztwache eingeteilt. Aus Erfahrung weiß ich, dass es besser ist, etwas zu essen in Griffnähe zu haben, denn beim Notarzt fallen die Mahlzeiten oft aus oder verschieben sich auf unbestimmte Zeit. Ein Frühstück ist zwar vorgesehen, wenn die Besatzung abgelöst wird und die Kollegen morgens das Fahrzeug übernehmen, doch oft ertönt der Alarm, wenn man gerade dabei ist, die Uniform anzulegen, die an solchen Wachtagen weiß ist. Beim Notarzt gibt es keinen Gong, sondern einen Funkmeldeempfänger, den Piepser, den jeder bei sich trägt. Sobald der losgeht, findet sich die Besatzung beim Fahrzeug ein, meldet sich über Funk und erhält die Informationen zum Einsatz. Die sind nicht immer eindeutig, und manchmal fährt man zu Einsätzen, die die Verunfallten auch selbst verarzten könnten, mit einem Pflaster auf den kleinen Schnitt am Finger zum Beispiel. Doch das hat sich für die Leitstelle womöglich anders angehört. Anhand der Beschreibung der Anrufer müssen die Kollegen entscheiden, ob höchste Eile geboten ist oder nicht. Die Leitstelle entscheidet, welches Einsatzmittel geschickt wird. Einsatzindikationen für einen Notarzt sind beispielsweise: Bewusstlosigkeit, Reanimation, starke Schmerzen in der Brust, Atemnot, schwere Unfälle, schwere Knochenbrüche, Vergiftungen, Stürze aus großer Höhe, hohe Blutverluste. Während wir vor Ort sehr genau beurteilen können, wie ernst die Lage ist, hören die Mitarbeiter in der Leitstelle lediglich, wie sie von den Betroffenen oder Mitteilern wahrgenommen wird. Oft rufen Menschen in höchster Aufregung an. Geben chaotische Informationen oder sprechen kaum Deutsch. Vielleicht schätzen sie die Situation auch völlig falsch ein. Wenn die Leitstelle die Situation nicht einordnen kann, erhalten wir das Einsatzstichwort *erkrankt.* Das kann alles bedeuten – vom eingewachsenen Zehennagel bis zur Reanimation. Der Disponent, der das Gespräch angenommen hat, weiß nicht, worum es sich genau handelt, und hat ein komisches Gefühl: Das soll sich lieber mal ein Rettungswagen oder ein Notarzt anschauen. Im folgenden Fall lautet das Stichwort *Cardia 1.* Und das bedeutet: Herzinfarkt.

Über Funk werden die Einsatzstichworte verschlüsselt. *Cardia 4* bedeutet Bewusstlosigkeit, *Moritz 3* Alkoholvergiftung. *Moritz 3000* nennen wir es, wenn das Verhältnis von Blut und Alkohol zugunsten des Alkohols überwiegt: Da liegt jemand sturzbesoffen im Koma – häufig in Verbindung mit PaM, paar aufs Mal. *Moritz 3000* ist um diese Uhrzeit eher unwahrscheinlich, kommt allerdings auch vor. Gerald greift zum Alarmschreiben am Faxgerät, ich melde mich über Funk und bestätige mit der FMS-Taste drei: Einsatz übernommen.

Der Notarzt steigt zu, Gerald gibt Gas und Blaulicht. Das Martinshorn im Notarztwagen ist leiser, es wird elektrisch betrieben und nicht mit einem Kompressor wie das im HLF.

Zwei Minuten später sind wir vor Ort. Die Parkplatzsituation in der Fraunhoferstraße ist schwierig. Gerald stellt den Wagen in die zweite Reihe, und wir laufen drei Stockwerke nach oben, wo uns ein Mann mittleren Alters die Tür öffnet, blass, kaltschweißig, mit Atemnot und Schmerzen in der Brust, die bis in den linken Arm ausstrahlen. Nach Luft ringend, teilt er uns mit: »Seit einer halben Stunde geht das schon so. Es ist immer schlimmer geworden, als würde jemand auf meiner Brust sitzen.« Es riecht nach Zigarettenrauch in der Wohnung. Die Symptome des Mannes sind typisch für einen Herzinfarkt. Auch seine Angst, die er zwar nicht ausspricht, doch sie steht groß und nackt in seinen Augen. Was für ihn vielleicht der schrecklichste Moment seines Lebens sein mag, ist für uns Routine. Wir geben ihm Sauerstoff, erheben die Vitalwerte, messen den Blutdruck und die Sauerstoffsättigung im Blut, legen ein EKG an und eine Infusion, bereiten Medikamente vor. Als eingespieltes Team haben wir die Situation schnell im Griff. Wir werden den Mann zügig ins Krankenhaus bringen. Mit Sondersignal.

Mein Telefon läutet.

»Ja, servus, da ist der Alex von der Leitstelle. Du, Manu, du stehst im Trambahngleis.«

»Nein, ich steh in der Wohnung. Maximal steht der NAW im Trambahngleis.«

»Ja, das mein ich doch, der Notarztwagen. Die Oberflächenleitstelle hat angerufen. Da ist ein Riesenverkehrschaos, die Trambahn kommt nicht durch.«

»Wir klären hier noch schnell und räumen dann die Blockade weg«, sichere ich Alex zu.

»Okay, Manu. Ähm, also hinter der Trambahn …«

»Ja?«

»Da kommt auch keiner mehr durch. Die Autos stauen sich schon bis zum Sendlinger Tor.«

»Schon verstanden. Du Alex, wenn du eh gerade anrufst: Du kannst uns gleich ein Klinikbett ordern. Wir benötigen eine Chest-Pain-Einheit«, kündige ich einen potenziellen Herzinfarktpatienten an, damit das Krankenhaus sich vorbereiten kann. Verschiedene Möglichkeiten wie ein Herzkatheterlabor oder ein Intensivbett werden bereitstehen.

»Dann gib mir mal die Parameter.«

»Männlich, 45 Jahre, Kreislauf stabil, nicht intubiert, nicht beatmet, ST-Streckenhebung im EKG in den Ableitungen I und II, keine bekannten Vorerkrankungen. Wir sind nicht weit weg von der Innenstadt, schau doch bitte mal, ob da was frei ist.«

»Mach ich, du hörst von mir.«

»Ich räum mal schnell den NAW weg und bring den Tragestuhl mit«, lasse ich Gerald wissen.

Ich bin noch keine zwei Schritte von der Haustür zum NAW gegangen, da mault mich der erste Autofahrer an.

»Zeit wird's!«

Ein anderer brüllt: »Geht's jetzt endlich mal weiter?«

Langsam drehe ich mich zu der Stimme. Dann hebe ich den Arm und weise auf die Aufschrift des NAW. »Können Sie lesen, was da steht?«

»Feuerwehr Notarzt, na und? Ich hab einen wichtigen Termin!«

Den hatte unser Patient erst recht.

Wieder einmal wundere ich mich über die Dreistigkeit mancher Leute. Und über ihre eingeschränkte Sichtweise. Was, wenn es sie selbst oder einen ihrer Angehörigen treffen würde? Hätten sie dann Verständnis dafür, dass sie leider versterben müssen, weil der Notarzt wegen Parkplatzsuche zu spät kommt?

Teeküche für Abgebrühte

Zwischen acht und zwölf Einsätze sind an einem Wachtag beim Notarzt Mitte in München Durchschnitt. Zur Wiesnzeit können es bis zu 20 werden. Das geht an die Substanz. An diesem Wachtag ist schon tagsüber sehr viel los gewesen. Gegen ein Uhr morgens will ich mich endlich mal hinlegen. Noch in der Einschlafphase piekst mich der Piepser. Die Funkmeldung lautet *Harras, Drogenintox.*

Vor dem Haus am Harras stehen bereits zwei Streifenwagen. Das ist bestimmt kein Zufall, sondern hat etwas zu bedeuten.

»Servus«, sagen die Streifenbeamten.

»Servus«, erwidern Stephan und ich. In unserem Metier duzt man sich.

»Dritter Stock«, sagt einer der Polizisten.

Das wissen wir auch vom Alarmschreiben. Zeitgleich mit

dem Alarm schickt uns die Leitstelle eine Alarminformation auf unser Faxgerät. Über das Funkgerät werden die Einsatzdaten wie Adresse, Stockwerk und Meldebild zusätzlich bestätigt. Auf dem Alarmfax sind darüber hinaus oft noch zusätzliche Informationen zu finden: In welchem Stadtteil liegt der Einsatzort, wer hat angerufen, sind noch andere Fahrzeuge auf dem Weg?

»Was macht's ihr denn hier?«, frage ich die Polizisten neugierig.

»Die Adresse ist kein Geheimnis. Da wohnt ein polizeibekannter Drogendealer.«

»Dann fühlen wir uns ja sicher, wenn ihr da seids«, sage ich, und das meine ich auch so.

Menschen unter Drogen- oder Alkoholeinfluss zu behandeln ist oft anstrengend; manchmal wird man beschimpft oder im schlimmsten Fall angegriffen.

Mit unseren Notfall-Rucksäcken und dem tragbaren EKG laufen Stephan und ich zur Eingangstür des Hauses. Im Flur begegnet uns ein weiterer Polizist. »Es handelt sich um die Mitbewohnerin eines Drogendealers«, weist er uns ein. »Die junge Frau hat über ihr Mobiltelefon eine Kurzmitteilung an eine Freundin gesendet, in der zu lesen war, dass sie Drogen konsumiert hat und es ihr schlecht geht. Die Empfängerin der Nachricht konnte sie daraufhin telefonisch nicht erreichen und hat die Polizei verständigt. Wir haben uns Zugang zu der Wohnung verschafft.«

Ja, das sehen wir. Die Tür ist eingetreten, warum auch immer. Wie so oft, wenn ich zu einem Einsatz komme, scanne ich die Umgebung. Manchmal gibt etwas Aufschluss über den Zustand des Patienten. Ein voller Aschenbecher neben dem Asthmaspray, Medikamentenverpackungen, bei Drogensüchtigen benutzte Spritzen. Vom Zustand einer Wohnung kann man durchaus auf den Zustand eines Patienten schließen. Wer seine Wohnung verwahrlosen lässt, geht oft auch mit dem eigenen Körper nicht zimperlich um. Diese Wohnung ist ein solcher Fall. In der schmalen Küchenzeile stapelt sich Geschirr, auf dem Boden liegt Wäsche. Außerdem drei randvolle Aschenbecher, ausgedrückte Kippen daneben, die von dem Berg in der Mitte gekullert sind, leere Joghurtbecher mit Schimmelbefall, Zeitungen, eine Kaffeetasse auf einer CD … Obwohl die Wohnung klein ist, hätte eine Reinigungskraft hier ordentlich zu tun.

Die junge Frau, die bewusstlos auf dem Bett liegt, ist sehr hübsch. Umrahmt von einer Lichterkette an der Wand, zwei herzförmige Kuschelkissen um den Kopf, sieht sie fast engelsgleich aus mit ihrem langen, blond gelockten Haar. Stephan und ich machen uns an die Arbeit, um die Vitalparameter zu erheben, die uns Aufschluss über den Ernst der Lage geben. Raimund, unser Notarzt, spricht die Frau laut mit Namen an und schüttelt sie dabei an der Schulter. »Frau Arnold?« Selbst das anschließende Kneifen am Nasenseptum führt zu keinerlei Reaktion bei der Patientin. Die Kontrolle von Atmung und Puls fällt positiv aus. Ich klebe die vier EKG-Elektroden auf und bringe den Fingerclip zur Messung der Sauerstoffsättigung im Blut an. Die Herzfrequenz liegt bei 95 Schlägen in der Minute, die Sauerstoffsättigung beträgt 85 Prozent. Der Idealwert liegt bei 100 Prozent. Mit einem Wert von 85 Prozent ist die Patientin in keiner akuten Lebensgefahr. Auch die Blutdruckmessung ist unauffällig. Stephan streift der Frau eine Sauerstoffinhalationsmaske über das Gesicht. Die regelmäßigen Töne der Herzfrequenz beruhigen uns alle. Die Vitalparameter sind stabil.

Ich bereite eine Infusion vor. Bei Drogenabhängigen ist das häufig schwierig, weil keine leicht punktierbaren Venen mehr vorhanden sind. Die oberflächlichen Venen vernarben, wenn oft in sie gestochen wurde, gerade so, als wollten sie sich verstecken.

Ich suche und suche. Am Fuß der Patientin gelingt es mir endlich, eine Vene zu punktieren. Solche Stechversuche sind schmerzhaft. Die Patientin wacht auf. Wie so oft bei Drogennotfällen ist sie schlagartig wach. Eben noch tief bewusstlos, nun munter pöbelnd. »Was macht ihr da? Raus!«, ruft sie den beiden Polizisten zu, die neben der Tür stehen.

»Wo ist der Zlatko?«, fragt einer der Streifenbeamten.

»Raus!«

»Wo der Zlatko ist?«

»Scheiße, woher soll ich das wissen?« Die Ausdrucksweise und der Tonfall passen überhaupt nicht zu dem Engelsgesicht. Wütend schleudert sie den Polizisten allerhand Flüche ins Gesicht. Und dann will sie wissen: »Wieso seid ihr überhaupt da? Bespitzelt ihr mich oder was?«

»Ihr Freund hat sich Sorgen um Sie gemacht, er hat bei der Polizei angerufen, weil Sie ihm eine SMS geschrieben haben.«

»Ha! Der Zlatko ruft doch nicht bei der Polizei an. Für wie blöd haltet ihr mich!«

Selbst ich finde, dass das komisch klingt – und hat der Kollege im Flur nicht von einer Freundin gesprochen? Egal, es ist nicht meine Aufgabe herauszufinden, wieso die Polizei hier ist. Mit einem dumpfen Seufzen fällt die Frau zurück auf das Bett.

»Jetzt erzählen Sie uns doch einmal, was vorgefallen ist«, bittet Raimund.

»Ich hab solche Schmerzen gehabt, und da hab ich mir einen Tee gekocht, und dann ist es immer schlimmer geworden.«

»Was für einen Tee?«

Sie schweigt. Uns ist sofort klar, um welche Art von Tee es sich handelt und dass sie das vor der Polizei niemals zugeben würde. Wir bitten die Beamten, draußen zu warten. Kaum haben sie den Raum verlassen, entspannt sich die Patientin. Wir hören, was wir schon vermuten. Sie hat sich einen Tee aus Schmerzpflaster zubereitet. Der Wirkstoff Fentanyl ist 80- bis 100-mal stärker als Morphium. Besonders im Endstadium von Krebserkrankungen und in der Palliativmedizin werden Fentanylpflaster eingesetzt. Schmerzpflaster haben den Vorteil, lange zu wirken. Nach einer Weile müssen sie natürlich ersetzt werden. Leute wie unsere Patientin ziehen die gebrauchten Pflaster schon mal aus dem Müll. Für einen Tee reicht der Wirkstoff allemal. Die alten Pflaster werden aufgebrüht, mit allem, was dran ist, inklusive Hautschuppen. Manche spritzen sich den ausgekochten Sud auch. Fentanyl gehört zu den Opoiden. Es macht müde, und alles ist gut. Kein Druck mehr. Totale Entspannung. Es besteht die Gefahr einer Dämpfung des Atemzentrums, denn man kann die Menge nicht dosieren, weiß ja nicht, wie viel Fentanyl sich auf einem gebrauchten Pflaster befindet.

Wir wollen die Patientin ins Krankenhaus bringen.

Sie schüttelt den Kopf. Ihre blonden Locken fliegen. »Es geht mir schon wieder gut.«

»Sie waren tief bewusstlos!«, erinnert Raimund sie.

»Das war vorhin. Jetzt bin ich wieder fit. Verpisst euch.«

»Wir bringen Sie jetzt ins Krankenhaus.«

»Nein.«

»Doch.«

So geht es eine Weile hin und her, dann bricht sie in Tränen aus. Wie ein Sturzbach strömen sie über ihr herzförmiges Gesicht. Schluchzend erklärt sie uns, dass sie endlich von dem Zeug wegkommen wolle. Heute sei der richtige Tag. »Bitte!«, sie greift nach der Hand des Notarztes. »Das spüre ich. Das musste jetzt so kommen. Das ist ein Zeichen. Ich mag nicht mehr. So ein Scheißleben ist das. Ich will endlich ein normales Leben. Raus aus dem Sumpf, ich will diesen ganzen Dreck nicht mehr.«

Ach, wenn das doch wahr wäre, hoffe ich innig. Die junge Frau klingt verzweifelt und aufrichtig. Ich glaube ihr. Vielleicht bedeutet diese Nacht wirklich die Umkehr in ihrem Leben.

»Gut, dann fahren wir ins Krankenhaus«, sagt Raimund.

»Nein, bitte nicht ins Krankenhaus, in eine Entzugsklinik, bitte.«

»Das ist schwierig, mitten in der Nacht. Das sollten Sie dann vom Krankenhaus aus regeln.«

»Nein, bitte nicht! Nicht ins Krankenhaus, in eine Entzugsklinik, bitte.«

»Das ist nicht möglich«, sagt Raimund.

Ich rechne mit einer erneuten Diskussionsrunde, doch sie schweigt.

Raimund lächelt ihr aufmunternd zu. »Wo es Ihnen jetzt schon wieder bessergeht, können Sie bestimmt zu Fuß mitkommen.«

Müde nickt sie.

Die Treppen steigt sie vor mir hinab: eine zarte Gestalt, die ich nicht mit den derben Flüchen in Verbindung bringen kann, die sie uns und den Polizisten an den Kopf geschleudert hat.

Wie meistens zur Wiesnzeit und in Samstagsnächten sind in der Innenstadt alle Kliniken belegt. Wir sagen der Polizei Bescheid, wohin wir die Patientin bringen. Im Krankenhaus ist das Notaufnahmepersonal wenig erfreut über diesen Neuzugang.

Wir jedoch sind erleichtert, die Verantwortung abzugeben. Jetzt sind andere zuständig. Wir können abrücken. Auf der Wache probiere ich es noch mal mit Hinlegen. Innig wünsche ich mir eine ruhige Nacht. Doch kurze Zeit später reißt mich der Piepser wieder aus dem Schlaf. Floristin ist wirklich ein Traumberuf.

Am Auto knüllt Stephan das Alarmfax zusammen.

»Was machst du denn da?«, frage ich ihn entgeistert.

»Es ist kein Fax gekommen.«

»Und was hast du da gerade zusammengeknüllt?«

»Das war das Fax von vorhin.«

»Aber es ist doch frisch angekommen.«

»Es war der gleiche Alarm.«

Ich bücke mich nach dem Fax, streiche es glatt. Ja, es ist das gleiche Fax. Gleiche Adresse, gleicher Name – nur die Uhrzeit hat sich geändert.

»Oh nee!«, ruft Stephan.

Ich drücke den Status 9 auf dem Funkgerät, damit mich die Leitstelle kontaktieren kann.

»Florian 1.70.1«, meldet sich die Leitstelle. »Haben Sie das Fax erhalten?«

»Ja. Aber da waren wir doch eben.«

»Ja, ich weiß. Hilft nichts. Da müssen Sie jetzt noch mal hin.«

»Okay. Weiß die Polizei Bescheid?«

»Sollen wir sie dazu rufen?«

»Ja bitte, das interessiert die vielleicht auch.«

Zeitgleich mit einer Streifenbesatzung treffen wir ein. Es ist dieselbe wie vorhin.

»So sieht man sich wieder!«

»Nichts gegen euch, aber darauf hätten wir verzichten können.«

»Danke gleichfalls.«

»Was ist diesmal los?«

»Keine Ahnung.«

»Dann schau ma doch mal.«

Wieder steigen wir in den dritten Stock. Wieder oder noch immer steht die Tür offen. Aber diesmal empfangen uns schon im Treppenhaus Schmerzensschreie.

»Kriegt die jetzt ein Kind oder was?«, fragt einer der Polizisten.

»Die sollte gar nicht hier sein, sondern im Krankenhaus«, erwidert Stephan genervt.

Diesmal ist die junge Frau bei Bewusstsein. Zusammengekrümmt und stöhnend liegt sie auf dem Bett, umrahmt von der Lichterkette und ihren Kuschelkissen. Gut, dass wir mit dem Fall vertraut sind. Wenn dieser Einsatz nicht uns getroffen hätte, sondern Kollegen, hätten sie alles noch einmal von vorne anfangen müssen.

»Ich habe solche Schmerzen!«, jammert Frau Arnold.

Raimund zeigt sich unbeeindruckt. »Setzen Sie sich ordentlich hin«, sagt er zu ihr. »Ich will mit Ihnen sprechen.«

»Ich kann nicht! Ich kann nicht! Ich hab Schmerzen, wahnsinnige Schmerzen. Geben Sie mir was! Am besten eine Spritze! Schnell! Ich halte das nicht länger aus.«

Raimund lässt sich nicht beirren. »Wir haben Sie vor eineinhalb Stunden ins Klinikum gebracht. Warum sind Sie schon wieder da? Wollten Sie nicht einen Entzug machen?«

»Im Krankenhaus haben die mich lauter blöde Sachen gefragt. Das hat mich gelangweilt. Da musste ich weg. Blöde Zicken.«

»Und jetzt?«, fragt Raimund.

»Ich brauch ein Schmerzmittel. Es tut so weh. Überall.«

»Sie kriegen kein Schmerzmittel von mir.«

»Das müssen Sie mir aber geben. Ich halte das nicht aus. Das ist Folter! Jawohl, Folter. Au, au, au.«

Sie krümmt sich zusammen. Das sieht echt aus.

»Quäler!«, schreit sie. »Mein Hausarzt verschreibt mir alles!«

»Tja«, macht Raimund. Als Stofflieferanten sind wir wirklich nicht unterwegs.

»Sie haben jetzt zwei Möglichkeiten«, stellt Raimund Frau Arnold vor die Wahl. »Entweder Sie fahren mit uns freiwillig ins Krankenhaus. Oder die Polizei kümmert sich um Sie.«

»Scheiß Bullen! Hausfriedensbruch!«

»Und?«

Nach längerem Hin und Her willigt sie endlich ein. »Okay, okay. Ich komm mit. Aber vorher müssen Sie mir noch was geben!«

»Frau Arnold, wir sind der Notarzt. Kein Kasperltheater«, sagt Raimund.

Normalerweise bin ich ziemlich ausgeglichen, und ich stecke eine Menge weg. Doch diese Patientin geht mir allmählich auf die Nerven. Das liegt bestimmt auch am Schlafdefizit. Nur noch ein paar Stunden bis Dienstschluss, hoffentlich ist dies der letzte Einsatz für heute.

»Ich kann nicht gehen, ich muss getragen werden, ich hab solche Schmerzen.«

»Dass Sie laufen können, haben wir vorhin gesehen«, sagt Stephan.

»Wohin bringen wir sie eigentlich?«, fragt mich der Notarzt. »Woanders hin? Soll ich mal nachfragen, wo was frei ist?«

»Nein, das wird eine Reklamation«, erwidere ich.

Sehr langsam und weiter stöhnend nimmt Frau Arnold die Treppen. Kaum im Auto, bettelt sie erneut um Schmerzmittel.

»Das bringt nichts«, sagt der Notarzt.

Da dreht sie sich beleidigt weg. Als sie umkippt, glauben wir zuerst, sie will uns einen Schreck einjagen. Aber nein. Das ist echt! Schnell wuchten wir die Bewusstlose vom Stuhl auf die Trage. Stabile Seitenlage, Pulsoximetersensor, Sauerstoffmaske.

»Also seids mir fei ned bös«, sagt Stephan. »So hamma wenigstens a Ruh, bis wir in der Notaufnahme sind.«

»Und überzeugende Argumente haben wir auch«, ergänze ich. »Bewusstlos nach Drogenkonsum.«

Mit solchen Patienten hat man auf der Feuerwache 1 in der Innenstadt oft zu tun. Es fällt mir schwer zu verstehen, wie man sich mit derartiger Gewalt kaputt machen kann. Was für eine Verschwendung all dessen, was wir geschenkt bekommen haben: unser Leben. Ich habe die Erfahrung gemacht, dass an gescheiterten Existenzen immer die anderen schuld sind, wenigstens haben mir das unzählige Patienten erzählt. Die anderen sind schuld, weil sie ihre Wohnung verloren und keinen Job haben, fast immer sind die Eltern schuld, auch die Lehrer. Und die größte Schuld haben Drogen und Alkohol. »Die machen mir mein ganzes Leben kaputt.«

Was soll man darauf sagen?

Helfer wie wir können nur die Hand reichen. Gehen muss jeder selbst. Und oft kommt es vor, dass man einem anderen die Hand reicht und dann aufpassen muss, dass einem nicht der ganze Arm abgerissen wird. Ja, das ist manchmal deprimierend und auch desillusionierend. Zum Glück ist es nur eine Seite der Medaille.

Glück und Tragik bei der Geburtshilfe

Für mich persönlich war es wichtig, aus der Innenstadt Münchens wegzuziehen. Ich wollte nicht am selben Ort leben und arbeiten und suchte mir eine schöne ruhige Wohnung im Umland. Da gibt es Wald und Wiesen, manchmal höre ich es muhen, Vögel zwitschern, und früh um sechs schlägt die Kirchturmuhr glockenhell in einen hoffentlich weißblauen Morgenhimmel. Wann immer ich es einrichten kann, fahre ich mit dem Rad zur Arbeit. Das ist die perfekte Einstimmung auf einen Wachtag. Und der perfekte Übergang in die Freizeit. Im Normalfall ziehe ich mit der Uniform auch die Feuerwehrfrau Wedel aus. Hin und wieder erlebe ich aber so etwas Schönes, dass es mich auf dem Heimweg noch lächeln lässt. Dazu gehören die glücklichen Geburten eiliger Kinder, manchmal schneller als die Feuerwehr!

Meine erste Geburt erlebte ich als Praktikantin beim Roten Kreuz in Sulzbach-Rosenberg. Die Mutter, hochschwanger mit dem zweiten Kind, war gut vorbereitet. Die Tasche für die Klinik stand im Flur, die Oma, die auf das erste Kind aufpassen sollte, war schon im Haus, der Ehemann hatte Urlaub. Dann kam der Alarm. Ein »Megagong« sozusagen, wie die werdende Mutter im Auto merkte.

»Meine Frau kriegt ein Kind!«, rief der Mann am Steuer ins Handy.

»Wann?«, fragte die Leitstelle.

»Jetzt!«

»Wo sind Sie?«

»Auf dem Weg ins Krankenhaus.«

»Halten Sie an und …«

»Es ist da! Es ist da!«

Als wir eintrafen, konnten wir dem glücklichen Vater nur noch die Nabelschere reichen. Mutter und Kind waren wohlauf. Solche Einsätze sind sehr schön. Dabei zu sein, wenn ein kleiner Erdenbürger seine ersten Atemzüge tut! Wenn wir es schreien hören, atmen wir auf. Ein Kind, das schreit, bekommt Luft. Alles gut. Im Bauch der Mutter ist die Lunge des Babys zusammengefaltet. Zwar übt es dort schon das Atmen, doch die Lunge muss noch keine Luft bewegen. Wenn es auf die Welt kommt, öffnet sich die Lunge. Das Baby atmet selbstständig. Das erste Mal Luft holen geschieht schreiend. Da bin ich!

Während man früher glaubte, Neugeborene empfänden keinen Schmerz – und sie deshalb manchmal ohne Narkose operierte, auch am Herzen! –, weiß man heute, dass Neugeborene sehr wohl schmerzempfindlich sind. Eine Geburt ist für das Kind kein Vergnügen, es muss sich durch den engen Geburtskanal winden, wobei seine noch beweglichen Schädelknochen verschoben werden. Am Ende der Tortur wartet kein Paradies, sondern der Rauswurf aus einer kuscheligen, warmen Höhle. Es ist hell, laut, grell und kalt. Was bleibt einem da anderes übrig, als zu schreien! Die Lunge bläst sich auf wie ein Luftballon. Beim ersten Mal ein großer Widerstand, da braucht es Kraft. Wenn wir unseren ersten Schrei tun, haben wir schon Großes geleistet. Im Grunde genommen können wir von Anfang an stolz auf uns sein!

Die Medizin an Neugeborenen ist ein Fachgebiet für sich namens Neonatologie. Einem herkömmlichen Kinderarzt oder Gynäkologen fehlt hier oft die Erfahrung. Die Kollegen in der Klinik sind froh, wenn wir die Neugeborenenversorgung übernehmen. Daher wird oft ein Neugeborerennotarzt in Krankenhäuser gerufen.

Wenn ich mit einem solchen Neugeborenennotarzt unterwegs bin, erlebe ich allerdings auch weniger glückliche Geburten. Denn leider gibt es nicht nur die erwünschten Kinder, sondern auch die unerwünschten. Eine Frau entband im Fahrstuhl. Was mit dem Kind geschah, das der Neugeborenennotarzt zum Glück gut versorgen konnte, war ihr egal. So fuhren wir mit einem Kind, das keiner wollte, durch München. Was wohl aus dem kleinen Mädchen geworden ist … So sehr wünsche ich mir, es möge einen Platz gefunden haben, wie auch der kleine Junge vom Stadtrand, von dem ich gleich erzählen werde. Wenn er es überhaupt geschafft hat …

Der Piepser und das Alarmfax riefen uns in eine Klinik am Stadtrand.

»Gut, dass Sie da sind«, wurden wir im Kreissaal begrüßt.

Da lag das kleine, nein klitzekleine Baby. Eine Frühgeburt. Normal ausgereifte Babys wiegen zwischen drei und vier Kilogramm. Dieses hat keine zwei.

Während wir es versorgen, erfuhren wir die Hintergründe.

»Wir haben es bereits reanimiert und beatmet. Vor einer Stunde tauchte die Mutter an der Pforte auf. Wir wissen nicht, wie sie heißt. Sie hat uns einen Zettel zugeschoben, dass sie ein Kind kriegt. Das haben wir dann auch gemerkt. Es ist nämlich sofort gekommen.«

Einem so winzig kleinen Menschen eine Infusion zu legen

ist eine Herausforderung. Doch es gelang auf Anhieb, wir stabilisierten den Säugling und legten ihn in den Inkubator.

»Ich gebe mal der Mutter Bescheid. Die wartet bestimmt schon auf Nachrichten«, sagte die Hebamme.

»Ich dachte, sie versteht kein Deutsch?«, fragte der Notarzt.

»Sie spricht Kroatisch«, erwiderte die Hebamme in akzentfreiem Deutsch. »Das ist meine Muttersprache.«

Der Neugeborenennotarzt und ich packten unsere Sachen zusammen, da kam die Hebamme zurück. Sie wirkte verstört.

»Und?«, fragte ich.

Tief atmete sie durch. »Ich habe es ihr gesagt. Dass die Lage ernst ist, dass das Kind keine idealen Voraussetzungen hat, dass wir es aber stabilisieren konnten.« Sie schwieg.

»Ja?«, forderte der Notarzt sie auf weiterzusprechen.

»Ich habe ihr auch gesagt, dass sie mit allem rechnen muss. Dass es sein kann, dass der Junge es nicht schafft, dass er stirbt.« Wieder machte sie eine Pause. »Da hat sie gesagt …«, die Hebamme zögerte, »… ja, das hat sie wirklich gesagt. Sie hat gesagt, dass ihr das am liebsten wäre. Ein Problem weniger.«

Das hat mich tief getroffen. In welcher Bedrängnis muss sich eine Mutter befinden, die etwas Derartiges ausspricht? Wir waren so glücklich, dass wir den Kleinen gerade retten konnten – doch daran hatte diese Mutter gar kein Interesse.

Ich hoffe von ganzem Herzen, dass der Kleine mittlerweile geborgen aufwächst – denn was bringt die beste Geburt, wenn ein Kind nicht willkommen ist? Selbst wenn es um Wunschkinder geht, ist dies noch lange keine Garantie dafür, dass die Geburt tatsächlich glücklich verläuft. Ein Fall nahm mich ganz besonders mit:

Die Mutter war 34 Jahre alt und freute sich auf ihr erstes Kind. Die Schwangerschaft war problemlos verlaufen, das Kinderzimmer eingerichtet, der werdende Vater hat seine Elternzeit beim Chef beantragt. Weit offen alle Arme für den neuen Menschen, Oma und Opa in doppelter Besetzung außer sich vor Freude. In der Woche des errechneten Geburtstermins ging Blut ab. Die Mutter rief sofort bei ihrer Ärztin an. Die beruhigte sie erst mal. Eine leichte Blutung sei nichts Ungewöhnliches, trotzdem solle sie sich in der Geburtsklinik vorstellen. Vielleicht würde die Geburt nun losgehen. Voller Vorfreude machten sich die werdenden Eltern auf den Weg. Als sie im Krankenhaus ankamen, waren bei dem Kind keine Herztöne messbar. Notkaiserschnitt. Die Klinik rief den Kindernotarzt dazu, und dann wurden wir alarmiert, der Neugeborenennotarzt.

Der kleine Junge lag voll entwickelt auf einem Tisch. Um ihn herum standen viele Menschen, die sein Leben retten wollten. Jeder gab sein Bestes, alles wurde versucht. Doch der Junge reagierte nicht. Wir hofften, dass sich irgendwann ein Lebenszeichen einstellte. Doch es geschah nichts. Gar nichts. Dann sagte der Kindernotarzt: »Wir hören jetzt auf.«

Keiner von uns wollte dieses Kind aufgeben, doch wir wussten, dass wir an eine Grenze gestoßen waren. Das Kind war tot. Verkabelt lag es auf dem Tisch, dieses kleine Wesen, das keinen ersten Schrei getan hatte. Das EKG zeigte die Nulllinie. Wir begannen aufzuräumen. Da, auf einmal: ein Piepsen. Wir starrten auf den Monitor. Eine Kurve! Zwei, drei Minuten nach Einstellung der Maßnahmen! Sofort überprüfte der Neugeborenennotarzt die Situation. Er legte sein Stethoskop über das Herz. Ein schlagendes Herz kann man hören. Doch da war nichts. Er schüttelte den Kopf. »Adrenalin«, sagte er leise. Die Kurve war auf eine rein elektrische Reaktion zurückzuführen. Mechanisch herrschte noch immer Totenstille.

Dieses Piepsen und die Kurve berührte uns alle noch mehr.

Der Hebamme und einer Ärztin liefen die Tränen übers Gesicht. Auch manche Männer schluckten schwer.

Wir befreiten das tote Kind von den Elektroden und Infusionsnadeln, wickelten es wie ein lebendiges Neugeborenes in ein weißes kuscheliges Handtuch, und die Hebamme brachte es zu seiner Mutter, damit sie sich verabschieden konnte.

In Ghana an der Giftwolke

In fernen Kulturen ist die Einstellung zum Leben und Sterben oft eine andere als bei uns. Einen Notarzt gibt es auch nicht überall … und wie ist es dann? Das interessierte mich, und ich beschloss, meinen Jahresurlaub 2006 als Praktikantin irgendwo weit weg zu verbringen. Meine Wahl fiel auf Westafrika. Heute ist Accra, die Hauptstadt von Ghana, vielen Menschen ein Begriff, und zwar durch ein Foto, das vor rund zwei Jahren um die Welt ging. Es zeigt einen Jungen, der auf einem giftigen, rauchenden Müllberg in Agobogbloshie, einem Stadtteil von Accra, steht. Die Einheimischen nennen diese Gegend »Vorhof zur Hölle«. Kinder und Jugendliche sind hier tagein, tagaus damit beschäftigt, Gummiummantelungen von Kabeln abzulösen. Agobogbloshie gilt als größter Elektroschrottplatz der Welt. In Bodenproben wurde eine Konzentration von Schwermetallen gefunden, die bis zu 50-mal über den gesundheitlich als unbedenklich geltenden Werten liegt.

Mein Praktikum fand in einem Umfeld statt, von dem diese Kinder nur träumen konnten: im besten Krankenhaus der Stadt, das für unsere Verhältnisse eher einem Alptraum gleicht. Schnell vergaß ich zwei meiner Beweggründe, warum ich mich auf dieses Abenteuer eingelassen hatte: Erstens hatte ich mein Englisch aufpolieren wollen – das Englisch, das hier gesprochen wurde, erinnerte lediglich rudimentär an die Sprache, die ich gelernt hatte. Zweitens wollte ich mich nach einer relativ frischen Trennung ablenken.

Das funktionierte auch … zumindest manchmal. Ich stieg aus dem Flugzeug, und alles war anders. Allein die Luft. Diese Hitze. Und dann die Blicke. Alle schauten mich an. Kinder liefen mir nach und wollten mich berühren, rieben an meiner Haut: Geht die Farbe ab? Nein, aber das Weiß wurde bei der intensiven Sonneneinstrahlung schnell rot.

Wer glaubt, in Deutschland wäre die Bürokratie erfunden worden, sollte einmal nach Ghana reisen. Für jede Nichtigkeit wurden hier drei bis sieben Formulare angefordert. Es gab keine geregelte Trinkwasserversorgung, die Kanalisation verlief in offenen Gräben – und das bei Tagestemperaturen von 40 Grad Celsius. Es gab auch keinen Strom für alle, und schon gar nicht dauerhaft. Mal war er da, dann wieder nicht. Aber trotzdem funktionierte alles. Auf seine Art und Weise. Accra hat immerhin rund doppelt so viele Einwohner wie München.

Ich hatte mich auf die fremde Kultur vorbereitet – theoretisch. Einen Kulturschock erlebte ich trotzdem, denn die Wirklichkeit sah anders aus als im Reiseführer. Die erste Lektion, die ich lernen musste, war Geduld. Zeit hat in Ghana eine völlig andere Bedeutung als in Deutschland. Niemand beschwert sich darüber, dass die U-Bahn fünf Minuten Verspätung hat. Denn es gibt gar keine U-Bahn. Und auch keine öffentlichen Verkehrsmittel, wie wir sie gewöhnt sind. Ein Bus startet, wenn alle Plätze besetzt sind. Einen Fahrplan gibt es nicht. Hat man Glück, fährt ein Bus nach fünf Minuten ab, es kann aber auch sein, dass es drei Stunden dauert, ehe es losgeht. Sich aufregen bringt nichts. Schon gar nicht beschleunigt es die Abfahrt.

Es war mir ein Rätsel, dass die Dinge trotzdem funktionierten, eben auf eine andere Art und Weise. An meinem Praktikumsplatz, dem für normale Bewohner der Stadt unbezahlbaren Krankenhaus, wurde ohne Vorauskasse niemand behandelt. Da hätte jemand im Warteraum verbluten können. Wenn er keine Formulare ausfüllte und nicht genügend Bargeld dabeihatte, konnte ihm nicht geholfen werden. Und wenn er sich mustergültig verhielt, Formulare ausfüllte und bezahlte, musste er vielleicht trotzdem noch sehr lange warten, weil der Arzt gerade zu Mittag aß. Womöglich war es dann der Wille einer höheren Macht, wenn der Patient unterdessen das Zeitliche segnete.

Betreut wurde ich während des Praktikums von einer Organisation, die diesen Freiwilligendienst vermittelt hatte. Wir waren ungefähr 15 junge Frauen. Männer meldeten sich nur sehr selten für dieses Projekt, erfuhr ich. In dem Krankenhaus durchlief ich verschiedene Stationen, schaute zu und durfte gelegentlich auch ein wenig helfen. Niemand fragte mich nach meiner Ausbildung, niemand wollte von mir etwas erfahren. Und ich hielt mich meinerseits zurück, um nicht als die Weiße zu erscheinen, die den Leuten mal eben zeigt, wie man es richtig macht. Eine Krankenschwester fragte mich einmal nach dem Ablauf einer Reanimation. Ich erklärte es ihr theoretisch, denn die Hilfsmittel zur Umsetzung in die Praxis fehlten, ebenso wie die Einhaltung der Sterilitätsrichtlinien. Es funktionierte trotzdem. Irgendwie. Auf seine Art und Weise. Die Menschen auf der Straße waren meistens sehr freundlich zu mir. Kaum blieb ich irgendwo stehen, erkundigte sich jemand, ob ich Hilfe benötigte. Kaum fragte ich nach dem Weg, wurde ich zum Essen eingeladen. Das beeindruckte mich sehr. Wie oft schon habe ich in München Menschen anderer Hautfarbe gesehen, denen bei Weitem nicht so hilfsbereit begegnet wurde. Und natürlich beeindruckte mich die allgegenwärtige Fröhlichkeit der Menschen – trotz ihrer Armut und der hohen Sterblichkeit. In Ghana kämpfen die Menschen gegen Malaria, Cholera, Typhus und Gelbfieber. Krankheiten, die es bei uns nur selten gibt, weil wir über sauberes Trinkwasser verfügen und geimpft sind. Als das Wasser in München noch nicht so sauber war wie heute, erkrankten die Bürger auch an Cholera. 1854 und 1855 starben über 4000 Menschen am sogenannten blauen Tod.

Ernüchtert und sehr froh beendete ich schließlich meinen etwas anderen Urlaub, der zum Schluss unter der Überschrift Heimweh stand. Mir fehlte der helle, klare Klang einer Kirchenglocke, am Sonntagmorgen in den weißblauen Himmel geschlagen, Brezen zum Frühstück, überhaupt Brot, Vollkornbrot und Käse, kühle Luft und die Sprache: Servus! Sogar meine Kollegen vermisste ich, obwohl die im November Dienst taten und es in Ghana Sommer war. In den ersten Tagen nach meiner Rückkehr konnte ich nicht genug staunen ob der vielen Wunder: Wasser, das trinkbar aus der Leitung floss! U- und S-Bahnen, die nicht nur fuhren, sondern auch pünktlich waren, überhaupt: Wie viel schneller die Uhren bei uns daheim gingen.

Doch nicht nur in fernen Erdteilen gehen die Uhren anders. Das merkte ich, als ich an einem Mitarbeiteraustausch in Hamburg teilnahm. Im Vorfeld stellte ich mir das sehr spannend vor: Der Hamburger Hafen, Sankt Pauli und die Innenstadt. Eingesetzt wurde ich bei einer Wache am Stadtrand, weit ab vom Hafen. Dort war es mir zu ruhig. Zum Glück waren es diesmal nur vier Wochen. Obwohl alle sehr nett zu mir waren, fehlten mir viele liebgewonnenen Gewohnheiten. Bis zu diesem Zeitpunkt hatte ich geglaubt: Feuerwehr ist Feuerwehr, die löschen alle nur mit Wasser. Aber das ist nicht richtig. Es tat mir gut, den Alltag auf einer anderen Wache zu erleben, und ich merkte dabei, wie sehr mir manche Gewohnheiten ans Herz gewachsen sind, die meinen Alltag in München bestimmten. Besonders das gemeinsame Kochen und Essen. Auf der Hamburger Wache zogen es viele Kollegen vor, allein zu essen. Fünf kochten Spagetti, zwei brachten sich eine Brotzeit mit, andere bestellten Pizza. Auf dieser Wache hatte sogar jeder einen Fernseher auf der Bude. Mir fehlte die Gemeinschaft, die ich aus München kannte und schätzte, und die mir manchmal auch auf die Nerven ging. Aber schön war es doch mit den Kameraden. Am schönsten ist es einfach daheim … auf der Feuerwache 1.

Bei uns »daheim« wird zusammen gegessen. Man sitzt zusammen, kocht miteinander, tauscht sich aus. Man weiß immer, was die anderen machen. Alle essen um 12 Uhr, außer es gibt Alarm. Man kann mal lästern oder auch loswerden, was einem nachgeht, fachsimpelt über Ackerbau und Viehzucht oder erkundigt sich, wo der Kollege die günstigen Badezimmerfliesen aufgetrieben hat. Manchmal redet man auch über Gott und die Welt. Und erzählt den Kollegen, dass die Oma mit 96 schon wieder aus dem Altenheim abgehauen ist.

»Was machst jetzt da?«

»Anbinden können wir sie ja nicht«, seufzt Peter. »Und eigentlich freuen wir uns ja, weil sie wieder läuft.«

Solche Gespräche mag ich. Dass man sich auch mal was

Persönliches erzählt. Das gefällt mir. Es verbindet uns miteinander, und das ist sehr wichtig. Schließlich vertrauen wir uns gegenseitig unser Leben an. Bei der Feuerwehr gibt es keine Einzelkämpfer. Wir sind ein Team. Wenn es hart auf hart kommt, kann mein Leben vom Kollegen abhängen. Vier Augen sehen mehr als zwei. Er passt auf mich auf, ich passe auf ihn auf. Im Atemschutzeinsatz kontrolliert man gegenseitig den Druck in den Flaschen. Ich behalte im Auge, dass du genug Luft hast. Und wenn was passiert, hole ich dich raus, so wie du mich rausholst.

Brandmeisterin zur Anstellung

Im Sommer 2004 wurde es ernst für mich, als ich nach meiner Grundausbildung zur Brandmeisterin meine Probezeit begann – und zwar an der Hauptfeuerwache München, weil es nur dort einen Damen-Ruheraum gibt.

Beim Wachabteilungsführer der Feuerwache 1A meldete ich mich zum Dienstantritt. Ich freute mich sehr, dass das Los, das ich gar nicht gezogen hatte, mich hierherführte. Die Feuerwache 1, untergebracht in einem atmosphärischen und altehrwürdigen Gebäude nahe beim Sendlinger Tor, ist schon etwas Besonderes. Viele Sehenswürdigkeiten und Touristentreffpunkte gehören zum Wachgebiet der Feuerwache 1: die Isar, das Deutsche Museum, der Marienplatz, der Stachus und der Viktualienmarkt. Bei uns in der Feuerwache 1 gibt es drei Wachgruppen: A, B und C. Meinen Wachabteilungsführer kannte ich bereits von der Grundausbildung, er unterrichtete an der Feuerwehrschule Elektrotechnik. Als »Frau Wedel« hieß er mich herzlich willkommen und wechselte dann zum Du. Ich wusste nicht, ob das ein Versehen war oder ein Angebot, und ob ich ihn auch duzen sollte. Die Anrede zu vermeiden war wohl das Schwierigste in diesem Einführungsgespräch. Am Ende wies mir der Wachabteilungsführer einen Paten zu, Michael. Im ersten halben Jahr steht jedem Neuling ein Pate zur Seite.

Michael zeigte mir die ganze Wache, treppauf und treppab. Vor lauter Aufregung bekam ich nur wenig mit. Im Keller war bereits ein Haken für mich reserviert. In roter Farbe, rot für die Wachabteilung A, stand dort Wedel. An diesem Haken sollte ich meine Dienstklamotten deponieren, wenn ich frei hatte. »Im Dienst hängen sie dann bei deinem Haken am jeweiligen Einsatzfahrzeug.«

Ich nickte. *Berufsfeuerwehr München. Wedel.* Ich war sehr stolz. Und die Aufregung nahm noch lange kein Ende. Ich allein als einzige Frau unter all den Männern? Würde das gut gehen?

Später erst wurde mir klar, dass viele der Kollegen auch aufgeregt waren. Eine Frau. Wie ist die so? Ändert sich jetzt alles? Darf man nicht mehr schmatzen beim Essen? Der Untergang des Abendlandes! Und wenn sie behauptet, sie wird sexuell belästigt? Da brauchst du wahrscheinlich nur einmal hinschauen, und schon bist du weg vom Fenster. Die braucht bestimmt für alles eine Extrawurst. Da ist der Unfrieden doch vorprogrammiert. Gegeneinander ausspielen wird sie uns. Die Kameradschaft stören. Witze darfst du keine mehr erzählen. Kannst auch nicht mehr in der Unterhose vom Duschraum zu den Umkleiden laufen, sonst zeigt sie dich als Exhibitionist an. Und dauernd musst du der die Tür aufhalten, ihr ständig helfen. Kann die überhaupt Auto fahren, einparken? Und wenn's mal ernst wird, also, das sag ich euch: Ich geh in keinen Innenangriff mit einem Weibsbild!

Mich beschäftigte das auch, doch ich stellte andere Fragen: 50 Feuerwehrmänner der Abteilung A und ich. Stemm ich die? Sind die nett? Werden die mich akzeptieren? Wie komm ich da rein? Wie stelle ich es an, dass sie mich in ihren Kreis aufnehmen? Ich spielte kein Fußball. Ich erzählte keine Blondinenwitze. Ich rülpste nicht laut. Und das alles wollte ich mir eigentlich auch nicht angewöhnen. Trotzdem wollte ich keine Extrawurst. War ja schon schwer genug für mich in meinem Damen-Ruheraum, getrennt von der Mannschaft, zwei Stockwerke über den Kollegen. Ich allein im Zimmer, sie zu fünft oder gar zu sechst. Auch wenn oft nur 35 im Einsatz waren – 50 Mann teilten sich drei Duschen, ich dagegen hatte eine Dusche für mich allein. Das wirkte unsympathisch. Aber ich konnte doch nichts dafür! Und wer waren die überhaupt? Die hatten es leicht. Mich kannten alle sofort. Ich war die Neue, die einzige Frau. Ich aber musste mir fünfzig Gesichter merken, die unter dem Helm oft ähnlich aussahen, und alle Namen dazu. Und vielleicht auch noch ein paar Kollegen von der Abteilung B und C. Und wehe, ich brachte was durcheinander. Typisch Frau, nix im Kopf als bloß Klamotten.

Sehr genau erinnere ich mich noch an meinen ersten Tag, als ich den Mannschaftsraum betrat. Da saßen fünf an einem Tisch. Wenn sie zusammenrücken würden, hätte ich noch Platz.

»Servus«, sage ich. »Ist da noch frei?«

»Wir ham keine festen Plätze«, sagte ein dunkelhaariger Hüne. »Kannst dich überall hinsetzen.« Er machte eine Pause. »Aber da sitz ich.«

Was bedeutete das denn jetzt? Er zwinkerte mir zu. Ein Scherz? Oder ein nervöses Augenleiden? Oder … eine Drohung?

Ein anderer machte eine einladende Geste. Sie rückten zusammen. Nun saß ich immerhin schon mal an einem Tisch mit ihnen.

Schweigen. Nicht unfreundlich, aber reserviert.

»Ich bin die Manu«, sagte ich.

»Ja, des hamma schon gehört, dass mir eine Frau kriegen«, sagte einer. Klang das jetzt freundlich? Oder resigniert?

Einer streckte die Hand über den Tisch. »Servus.«

Einen Namen sagte er nicht. In der Aufregung hätte ich mir den auch gar nicht merken können. Dafür verriet mir sein Nachbar seinen Namen: »Lauxi«. Konnte der nicht normal heißen? Zum Beispiel Jens oder Holger oder Stefan? Wie sollte ich mir bloß Lauxi merken?

Ein anderer brach mir beim Händedruck fast die Hand: »Gerd«. Ich gab mein Bestes in der Erwiderung. Er verzog keine Miene.

»Fährst aufm ersten HLF heut?«, fragte ein neu Hinzukommender. »Da bist du mit mir im Trupp.« Auch er stellte sich nicht vor. Warum auch. Hauptsache, sie wussten, wer ich war.

»Schön«, sagte ich.

»Lauf einfach immer hinterher, wenn was ist«, riet mir einer.

»Okay«, nickte ich. Den musste ich mir unbedingt merken! Ein anderer fragte ihn etwas und nannte ihn dabei Anton. Anton, speicherte ich ab.

»Und? Sonst?«, wollte jemand vom Nebentisch wissen.

Was meinte er damit? Was genau erwartete er von mir?

»Wo kommst'n her?«, präzisierte er.

»Frag die doch nicht so aus«, bremste ihn der neben mir Sitzende, der vielleicht Martin hieß.

»Aber schon aus Bayern, oder?«

»Oberpfalz«, sagte ich.

»Ja mei«, meinte ein anderer seufzend »Kann ja mal passieren.«

Ich spürte keine Ablehnung. Aber auch keine Begeisterung. Immerhin, eine neutrale Atmosphäre. Das war doch schon mal was. Ich wollte nicht als Frau behandelt werden, und schon gar nicht als Mann, sondern als vollwertiger Feuerwehrler.

In den nächsten Tagen und Wochen würde es für mich darum gehen, meinen Platz zu finden. An wen konnte ich mich halten? In welchen Untergrüppchen würde ich mich wohl fühlen? Wo konnte ich am meisten lernen?

Da gab es zum Beispiel einen Tisch, an dem saßen »die Alten«. Die Alten waren gar nicht so alt – von 40 aufwärts bis hin zu den Dienstältesten mit 59 –, aber sie waren schon lange bei der Feuerwehr. An ihrem Tisch warnte ein Schild: Fischer, Jäger und andere Lügner.

Da setzte ich mich einfach mal dazu. Und dann wieder und wieder. Der Steigi war ein Jäger, ich komme vom Bauernhof, schnell hatten wir ein gemeinsames Thema. Steigi stand kurz vor seiner Pensionierung, und er war nicht nur ein leidenschaftlicher, sondern auch ein begnadeter Erzähler. Wenn er die Geschichten von früher herauskramte, spitzte ich die Ohren. Ich konnte gar nicht genug davon bekommen. Und so ging es nicht nur mir. Jeder wusste zwar, dass der Steigi sehr viel Erfundenes in seine Geschichten packte. Aber das war egal. Die Geschichten waren gut, also wollten wir mehr davon. Steigi erklärte einem die Welt. Er stammte aus Murnau, da hatte die Stadtverwaltung jetzt angeblich Kontakt mit Indien aufgenommen, um einen Elefanten zu importieren.

»Na geh, Steigi, verzähl kein Schmarrn.«

»Nix Schmarrn«, wies Steigi empört zurück und erklärte, warum. Elefanten üben, das konnte man leicht ausrechnen, pro Quadratzentimeter viel weniger Druck auf den Waldboden aus als ein Traktor. »Was glaubt ihr denn, wie viel Wald kaputt geht, wenn die Stämme rausgeholt werden mit so schwerem Gerät.«

Ich nickte. Da hatte er recht. Das war eine Katastrophe für den Wald, und die sah man ihm oft auch an.

»Jetzt ist aber des Problem mit den Elefanten«, fuhr Steigi besorgt fort, »dass die sich im Winter bei uns ja verkälten. Die kennen doch keinen Schnee nicht. Was also machst du mit so einem Viech, wenn es eisig wird?«

Auch das leuchtete mir und den Kollegen ein.

Da erschien dieses gewisse Funkeln in Steigis Augen. »Deshalb haben unsere Frauen jetzt eine Initiative gegründet. Für die Elefanten.«

Zwei Kollegen lehnten sich zurück und kreuzten die Arme vor der Brust. Auch sie wussten das Funkeln zu deuten. Doch Steigi band uns keinen Bären auf, sondern einen Elefanten. »Die stricken jetzt Rüsselwärmer.«

Nach einigen Wochen kam ich einmal in den Mannschaftsraum, und es war proppevoll. Auf den ersten Blick entdeckte ich keinen freien Platz. Ein wenig ratlos stand ich neben der Tür. Da erhob sich die Bassstimme von Norbert, der neben Alois am Stammtisch saß. »Manu, mia ruckn zam. Komm zu uns!«

Das war meine offizielle Aufnahme in die Wachabteilung.

Meine Feuertaufe

Meine Feuertaufe hatte ich zu diesem Zeitpunkt bereits hinter mir. Damit ist nicht gemeint, durchs Feuer oder über Kohlen zu gehen, sondern einen Bewusstlosen rauszutragen. Die Feuertaufe ist der Ernstfall, bei dem ein Verletzter in einem brennenden oder verrauchten Haus gefunden und dann nach draußen gebracht wird. Diese schwere Prüfung war sehr wichtig für mich, ich musste wissen, dass ich es schaffte. Nicht nur in der Theorie, auch in der Praxis. Und meine Kollegen mussten wissen, dass sie sich auf mich verlassen konnten.

Theoretisch war ich bestens vorbereitet: Jeder Träger eines Atemschutzgeräts absolviert jährlich eine Belastungsübung in einer Übungsanlage, um seine körperliche Leistungsfähigkeit unter Beweis zu stellen. Bei dieser Übung muss man eine Gesamtarbeit von 80 Kilojoule verrichten mit einem Atemvorrat von 1600 Litern, was einer Flasche auf dem Rücken entspricht. Ein Joule ist die Energiemenge, die wir benötigen, um 100 Gramm, also eine Tafel Schokolade, einen Meter weit zu bewegen. 80 Kilojoule sind 80 000 Tafeln Schokolade, die einen Meter hochgehoben werden wollen. Die Belastungsübung beginnt auf dem Fahrradergometer oder Laufband, um ins Schwitzen zu kommen. Danach wird 30 Meter Endlosleiter gestiegen. Diese Leiter ist an der Wand befestigt und funktioniert wie ein Laufband. Das ist kein Spaziergang, sondern ziemlich anstrengend. Schließlich kommt der Höhepunkt. Wir nennen ihn die Kriechstrecke. Eine Art Hamsterkäfig, in dem man sich lediglich robbend fortbewegen kann. Will man sich bloß aufstützen, würde man schon oben anstoßen. Bauch einziehen hilft nicht, da man schwere Ausrüstung am Leib trägt: Atemschutzgerät, Maske, Helm und Schutzkleidung. Es ist stockdunkel, den Weg muss man sich ertasten, er ist gespickt mit Hindernissen aller Art. Für manche Kollegen ist diese Belastungsübung ein riesiger Abenteuerspielplatz, für andere eine Herausforderung. Platzangst beginnt im Kopf. Es ist eng, es ist dunkel, man kann sich nicht frei bewegen. Als ich zum ersten Mal in der Röhre steckte, überkam mich der unbändige Wunsch: Raus! Doch ich hatte es im Griff und befahl mir: Durchschnaufen. Ruhig bleiben. Das ist nur eine Übung. Es kann dir nichts passieren.

Im Hamsterkäfig wird unter kontrollierten Bedingungen Stress erzeugt. So übt man, im Ernstfall die Nerven zu bewahren. Nach der Kriechstrecke habe ich jedes Mal blaue Flecken an Armen und Beinen, weil ich so oft angestoßen bin.

Es ist ein gutes Gefühl zu wissen, den Test bestanden zu haben. Aber man darf sich nicht darauf ausruhen. Deshalb wird der Test jedes Jahr durchgeführt, und zwischendurch gibt es Einsätze, bei denen man seine Eignung auch praktisch unter Beweis stellt. Meine Feuertaufe fand im Jahr 2004 statt.

Licht – Gong: Plinganser Straße, Feuerwache 1 der Inspektionsdienst, der Zug, Feuerwache 5 der Zug, Zimmerbrand, Person eingeschlossen

Das erste HLF war mit der Brandbekämpfung beschäftigt und hatte aus der Brandwohnung bereits einen Mann über die Schiebleiter gerettet. Unsere Aufgabe bestand darin, die benachbarten Räume abzusuchen. Alex und ich sahen den Mann gleichzeitig. Er lag auf dem Bett und bewegte sich nicht. Rauchschwaden zogen durch die Wohnung. Crashrettung! Raus, aber schnell!

Alex rief ins Funkgerät: »Wir haben eine bewusstlose Person.«

»Verstanden. Wir bereiten alles vor.«

Ich schnaufte einmal tief durch. Jetzt würde ich beweisen, dass ich es konnte. Der Mann war mittelgroß, mitteldick, zirka 85 Kilo schwer. Allein meine Ausrüstung wog mehr als 20 Kilo. Ich zog dem Mann eine Fluchthaube über das Gesicht, eine

Einwegatemschutzmaske, da wir ihn durch den verrauchten Flur würden tragen müssen. Weil ich dem Oberkörper des Mannes näher stand, griff ich unter seinen Achseln durch, packte ihn an den Unterarmen und hievte ihn hoch. Wahnsinn, ist der leicht, schoss es mir durch den Kopf. Das hatte ich nicht erwartet. Alex fasste die Oberschenkel des Mannes. Wir verließen die Wohnung, gingen so schnell wie möglich durch den Flur zu den Treppen. Zwei Stockwerke trennten uns von den Kollegen. Nach einigen Metern spürte ich meine Beine brennen. Der Mann wurde schwer. Und schwerer. Er fühlte sich an wie ein Wassersack und war kaum zu greifen, zu halten. Er hatte keine Körperspannung mehr. Ich dachte nichts. Nur: Raus. Ich überlegte nicht einmal, ob der Mann noch lebte. Ich schnaufte wie eine Dampflok, als uns die Kollegen den Mann abnahmen und sich um seine weitere Versorgung kümmerten.

Luft! Ich bekam nicht so viel, wie ich brauchte. Irgendwo am Rande nahm ich wahr, dass mir der Gruppenführer auf die Schulter klopfte. »Gut gemacht!« Dann klopfte er auch Alex auf die Schulter und teilte uns mit: »Ihr seid raus. Gerät ablegen und durchschnaufen.« Aus den Augenwinkeln sah ich, dass der Mann in den Notarztwagen geschoben wurde.

Ich nahm die Maske vom Gesicht und ging zum HLF. Schritt für Schritt fiel Spannung von mir ab. Jetzt erst merkte ich, dass ich gewaltig unter Strom stand. Mehr noch: Dass ich meine Grenzen überschritten hatte in diesem Zustand des puren Adrenalins. Meine Schultern, meine Arme und meine Beine begannen zu schmerzen. In den nächsten 30 Minuten wurde es immer stärker und in den folgenden Tagen entwickelte sich der Muskelkater meines Lebens. Ich konnte kaum noch die Arme heben. Dafür schaute mir aus dem Spiegel jedoch eine hundertprozentige Feuerwehrfrau entgegen.

Kurz darauf hatte ich etwas auf der Feuerwache 7 zu erledigen. Da fragte mich ein Kollege, ohne mich vorher zu grüßen, im Vorübergehen: »Kannst du überhaupt jemanden raustragen?«

»Ja«, sagte ich und ärgerte mich über meine schnelle Antwort. Lieber hätte ich gesagt: Ich bin nur zum Spaß hier. Oder: Die Freizeitgestaltung bei der Feuerwehr kam meiner Berufswahl entgegen.

Einen Mann hätte er das wohl kaum gefragt. Das kränkte mich. Der kannte mich nicht und wusste nichts von mir, nur, dass ich eine Frau bin. Zum Glück werde ich nur selten laut mit solchen Vorurteilen konfrontiert. Was sich die anderen womöglich denken, will ich gar nicht wissen. Ich mach einfach meine Arbeit. So gut wie jeder Kollege. Und so wie jeder Kollege habe ich auch mal einen schlechten Tag. Wobei meiner immer gleich darauf zurückgeführt wird, dass ich eine Frau bin. Heute ist mir das ziemlich wurst. Doch am Anfang strengte ich mich sehr an, keine Fehler zu machen, weil die bei mir ja immer gleich doppelt bewertet wurden: Eine Frau, was willst du da schon erwarten!

Frauen sind nicht automatisch die besseren oder schlechteren Feuerwehrler. Egal, ob Mann oder Frau: Es ist ein Beruf, für den Menschen weder Superhelden noch Superheldinnen sein müssen. Alle Fähigkeiten oder Fertigkeiten, die man braucht, kann man lernen. Sie fallen nicht vom Himmel. Und man benötigt keinen behaarten Handrücken dazu.

Witzig fand ich, dass die Gleichberechtigung auch von einigen Kollegen eingefordert wurde. Ein Feuerwehrmann mit langen Haaren war jahrelang undenkbar. Doch Frauen müssen für die Feuerwehr ja auch nicht zum Friseur. Wo bleibt da der Gleichbehandlungssatz, fragten sich manche Kollegen und ließen ihre Mähnen wachsen, was beim Einsatz gar nicht auffällt.

Unter dem Helm und in der Uniform sehen wir alle ziemlich gleich aus, wenigstens auf den ersten Blick.

Fehlbodenbrand

Licht – Gong: Rosenheimer Straße, Feuerwache 1 der Zug, Rauchentwicklung

Beim Einsatzstichwort *Rauchentwicklung* rüsten wir uns aus, als ob es brennen würde. Der Rauch kommt ja irgendwoher, und wo Rauch ist, gibt es auch Feuer. In diesem Fall war es nur ein bisschen Rauch, eher ein Rauchgeruch oder Brandgeruch. Der Mitteiler, ein nervöser Handwerker, erwartet uns vor dem Mehrfamilienhaus. »Ich habe heute Nachmittag an dem Haus gearbeitet, am Gerüst außen an der Wand einen Träger abgeschnitten mit dem Schneidbrenner.« Er zögert.

»Ja?«, fordert ihn der Gruppenführer auf weiterzusprechen.

»Ja … und jetzt hat ein Bewohner von der WG drüber angerufen und gemeint, dass es bei ihm nach Rauch riechen würde.«

Während Gruppen- und Zugführer erkunden, bleibt die Mannschaft bis auf zwei Kollegen, Holger und mich, im HLF.

Die Wohnung hat fünf Räume. Ein junger Mann mit Nickelbrille führt uns in sein Zimmer. »Sehen tut man ja nichts. Aber es riecht komisch. Brenzlig irgendwie, was meinen Sie? Es ist hoffentlich nichts Schlimmes? Bloß der Geruch, und, ach ja: Manchmal sieht man ein kleines Rauchwölkchen da hinten an der Fußbodenleiste. Da dachte ich, dass ich das besser dem Handwerker sage, und der meinte, dass sich das die Feuerwehr mal anschauen soll, aber es ist nicht schlimm, oder?«

Leider können wir der Einschätzung des Mieters nicht zustimmen. Es ist sehr wohl schlimm beziehungsweise noch schlimmer. Wenn wir uns zum Feuer durchschlagen müssen, hat das oft sehr unangenehme Folgen.

Der Zugführer spricht erneut mit dem Handwerker und lässt sich den Träger zeigen. In alten Häusern gibt es in den Dielenböden sogenannte Fehlböden, auch Holzbalkendecke genannt. Und Holz ist brennbar.

»Wir müssen den Boden aufmachen«, befindet der Zugführer.

Der Handwerker reißt die Augen auf.

»Da hilft nichts«, sagt der Zugführer. »Sie haben zwar draußen gearbeitet, aber so ein Eisenträger leitet Wärme, da kann es schon sein, dass es zu einem versteckten Brand kommt.«

Wir bitten den Mieter, sein Zimmer zu verlassen und empfindliche Geräte wie Computer draußen abzustellen. »Es könnte staubig werden.«

»Staubig? Wieso denn staubig?«

»Wir müssen den Boden aufmachen.«

»Was?« Er reißt die Augen noch weiter auf als der Handwerker. Und als der Gruppenführer Holger aufträgt: »Hol mal bitte die Kettensäge«, sieht es aus, als ob er gleich umkippt. Er tut mir wirklich leid, aber wir haben keine Wahl. Und es kann noch schlimmer kommen, denn wenn hier ein Holzbalken kokelt, ist er nicht mehr tragfähig, und das könnte die Statik des Hauses verändern.

Einsätze, bei denen wir das Feuer suchen müssen, liegen auf der Beliebtheitsskala ziemlich weit hinten. Man riecht was, sieht aber nichts.

Der Gruppenführer weist uns an: »Der Trupp soll sich ausrüsten. Handwerkszeug, Wärmebildkamera und ein C-Rohr in Bereitschaft.«

Mit der Kettensäge schneiden wir den Dielenboden im Schlafzimmer auf. Das ist eine langwierige Arbeit, denn unter den Dielenbrettern befindet sich als erste Lage die Schüttung – meistens Schutt, Asche, Schlacke, irgendetwas, was seinerzeit beim Hausbau günstig zu bekommen war. Das staubt ziemlich. In den Klamotten ist es warm. Die Kettensäge findet jeden Nagel, die Kette reißt ab, wird stumpf, die nächste muss aufgezogen werden. Irgendwo brennt es, aber eben nicht so, dass man das Feuer löschen könnte. Es hört aber auch nicht von alleine auf. So ein Einsatz kann sich über Stunden hinziehen. Wir versuchen dabei natürlich, nicht das ganze Haus einzureißen. Aber rankommen müssen wir. Als wir endlich eine Ecke aus dem Boden geschnitten und ein Loch in die Außenwand Richtung Hof geschlagen haben, löschen wir das Feuer mit einer Kübelspritze und einem Kleinlöschgerät. Die spätere Kontrolle mit der Wärmebildkamera ergibt, dass wir alles erwischt haben. Für den Mieter fängt die Arbeit jedoch jetzt erst an. Eine dicke Staubschicht bedeckt alle Gegenstände in seinem Zimmer. Der Boden ist stellenweise offen. Gemütlich sieht das nicht aus, eher nach Wohnen auf der Baustelle. Aber das ist noch allemal besser als Wohnen auf der Brandstelle.

Kettensägeneleganz

Ich habe Respekt vor der Kettensäge, denn man kann sich sehr wehtun bei der Handhabung. Im Grundlehrgang gehörte die Handhabung der Kettensäge zum Ausbildungsprogramm. Das war mir nur recht, denn privat hatte ich bis dahin wenig mit einer Kettensäge zu tun gehabt.

Ich war noch nicht lang auf der Feuerwache 1, da erhielten wir den Auftrag, den Maibaum am Viktualienmarkt abzutragen. Solche Aufträge laufen ohne Blaulicht, man erledigt sie, wenn Zeit ist. Das Einsatzstichwort lautete: *Im Rahmen der Brauchtumspflege.*

Wir machten uns mit der Drehleiter auf den Weg und trafen die Kollegen mit dem Kran von der Feuerwache 9.

»Manu, du schneidest«, trug mir der Wachabteilungsführer auf, obwohl es Kollegen gab, die mit der Kettensäge elegant wie mit einer Nagelfeile umgehen. So eine wollte ich auch werden, und dazu braucht es Übung. Ich bin zwar Floristin und kenne mich mit Grünzeug aus, aber der Maibaum ist ja eher weiß-blau – mit der Gartenschere würde ich da nicht weit kommen.

Die Polizei hatte am Viktualienmarkt bereits abgesperrt. Unser Vorhaben war nicht ungefährlich bei den Menschenmassen, die hier täglich durch die Standlreihen schlenderten. Die Feuerwehr wirkt auf viele zudem magnetisch. Wir besprachen die Vorgehensweise, dann fuhr der Kranführer mit der Drehleiter an die Maibaumspitze und befestigte eine Schlinge. Jetzt war ich dran. Zu Beginn noch ein wenig zögerlich, klappte es immer besser. Stückweise zerlegte ich den Maibaum, kam der Erde dabei immer näher und stand endlich auf dem Boden. Die Arbeit machte mir Spaß. Wie immer bei solchen Einsätzen trug ich keine Feuerwehrkleidung, sondern Forstarbeitergewand – bestehend aus Schnittschutzjacke und Schnittschutzhose. Am Helm trug ich kein normales Visier, sondern ein vergittertes, damit keine Holzspäne in die Augen fliegen. Als Mütze hatte ich die Flammschutzhaube aufgesetzt.

Als wir fertig waren, applaudierten ein paar Marktfrauen und luden uns ein. Eine ältere Frau reichte mir ein Glas

Holundersaft. Holunder mag ich sehr gerne. Im Juni fahre ich deshalb immer einmal heim, um für ein Spezialmarmeladenrezept meiner Oma Holunder zu ernten. Der Zugführer klopfte mir auf die Schulter: »Prima Manu! Ihr seid's ein richtig gutes Team, die Kettensäge und du!«

Das freute mich. Ich lachte, nahm den Helm ab, zog mir die Flammschutzhaube vom Kopf und schüttelte meine damals ziemlich langen Haare über den Rücken. Dabei fiel mein Blick auf einen Polizisten, der, an seinem Streifenwagen lehnend, regelrecht erstarrte. Aufgerissene Augen, offener Mund.

Die Standlfrau grinste. »Ja mei. Des hot er jetzt ned glaubt, dass des a Weibats war, die den Baum owe gschnittn hot.«

Nein, das hatte er nicht, und es dauerte noch eine Weile, bis seine Kinnlade wieder vorschriftsgemäß einrastete.

Ich bin nicht die Einzige

2008 lud mich das Netzwerk Feuerwehrfrauen zum Bundeskongress der Feuerwehrfrauen nach Essen ein. Er findet jährlich statt und ist als fachliche Fortbildung und Erfahrungsaustausch für Feuerwehrfrauen gedacht.

Ich hatte vorher nicht gewusst, dass es so etwas gibt. Doch das Netzwerk wusste, dass es mich gab, die Einladung erreichte mich über die Dienstpost. Das war ja spannend! Im Angebot standen praktische Workshops, Vorträge, Realbrandtraining in der Simulationsanlage, Höhenrettung, Tauchen, Fahrertraining, Personalarbeit, Pressetraining und vieles mehr. Ich fragte meinen Wachabteilungsführer, ob ihm dieses Netzwerk ein Begriff sei.

»Noch nicht. Aber du fährst da hin, dann kennen wir es hier auch«, wies er mich an. Ich hatte natürlich schon überprüft, ob das mit meinen Dienstschichten klappen würde: Der Kongress fiel in meine Freischicht, also stand ihm nichts im Wege. Ich fuhr hin und war begeistert. Selten hat man als Feuerwehrler in dieser Qualität und Auswahl die Möglichkeit, an praktischen Workshops teilzunehmen – ich konnte mich kaum entscheiden. Ein Höhepunkt war für mich die Grubenfahrt ins Steinkohlebergwerk 2500 Meter unter der Erde, in einem anderen Workshop zerlegten wir innerhalb von drei Stunden ein Auto – mit schwerem Rettungsgerät und Frauenpower!

Viele Frauen hielten spannende Vorträge zu fachlichen Themen, andere berichteten aus ihrem Alltag: Zum Beispiel darüber, wie sie als junge Mütter oder Alleinerziehende mit dem 24-Stunden-Schichtdienst klarkamen. So ein Gespräch hätte in meiner Jungsrunde entweder Gähnen oder spöttische Kommentare geerntet. Hier dagegen wurden solche Fragen ernst genommen. Und wie verschieden die Kolleginnen alle waren! Da gab es welche im Minirock auf High Heels und solche, die am liebsten nur Outdoorklamotten trugen. Manche wussten seit der Schulzeit, dass sie zur Feuerwehr wollten, andere stießen durch Zufall zur Truppe. Eine hatte sich in einen Feuerwehrmann verliebt und dann festgestellt, dass sie sich mehr für die Feuerwehr als für den Mann interessierte.

Hundert Mitglieder hatte das Netzwerk zu diesem Zeitpunkt. Ich war also nicht allein! Zwar hatte ich auch auf der Hauptwache zwei Kolleginnen, doch keine in meiner Wachabteilung. Wir sahen uns höchstens zur Schichtübergabe, und das war kein guter Zeitpunkt, um ein Gespräch zu beginnen: Die eine rückt ein, die andere aus. Hier war ich keine Exotin, sondern eine von vielen. Das tat mir gut. Natürlich waren die anderen Feuerwehrfrauen auf ihren Wachen ebenfalls Exotinnen, und ich stellte fest, dass manche dummen Sprüche bundeslandübergreifend gleich sind. Worin ich keinen Unterschied feststellen konnte, war die Arbeit. Wir gingen in den Innenangriff wie die Männer, wir fachsimpelten über Einsatzvorgehen, tauschten Erfahrungen aus. Aber der Ton war vielleicht ein bisschen anders. Kritik wurde angenommen und Verbesserungsvorschläge umgesetzt, anstatt, wie bei den Männern oft üblich, die Fehler einfach wegzudiskutieren. Und es wurde mehr gelacht, beziehungsweise ich lachte mehr als mit meinen männlichen Kollegen. Weil ich die Witze lustiger fand. Blondinen kamen darin kaum vor. Höchstens der eine oder andere Blonder-Blender.

Susanne Klatt aus dem Vorstand des Netzwerk Feuerwehrfrauen e. V. fragte mich und eine Kollegin aus München, ob man mal in München einen Bundeskongress abhalten könnte.

»Hm«, machten wir.

Susanne blieb hartnäckig. Also fragten wir den Leiter der Berufsfeuerwehr. Ein wenig aufgeregt trug ich mein Anliegen vor. Dann reiste Susanne an und machte alles klar. Im November 2009 sollte das Netzwerk Feuerfrauen in München tagen. Als Ansprechpartnerinnen vor Ort schlug der leitende Oberbranddirektor Schäuble mich und meine Kollegin Andrea Kratzel vor. Wenn ich gewusst hätte, wie viel Arbeit auf mich zukommen würde, wäre ich in dem Moment vielleicht nicht so begeistert gewesen. Wir wollten den Kolleginnen natürlich etwas bieten und stellten ein abwechslungsreiches Programm zusammen: Umgang mit Reptilien und Schlangen, Türöffnungen, Atemschutznotfalltraining, Kettensägetraining, technische Hilfeleistung, Höhenrettung und vieles mehr. Wir Münchner würden uns nicht lumpen lassen – die männlichen Kollegen halfen mit, viele hoch engagiert, wenige murrten: »Immer kriegen die Frauen eine Extrawurst.«

Die Rettungstaucher bauten für uns einen Container mit einer Füllmenge von 30000 Liter Wasser, sodass wir, wie in einem Riesenaquarium, eine Tauchübung absolvieren konnten.

Auch das Rahmenprogramm sollte die Kolleginnen erfreuen: Wir planten eine ungewöhnliche Stadtführung mit einem Nachtwächter, mieteten die Partytram durch München. Alles klappte! Die Veranstaltung war ein voller Erfolg. Danach war ich krank. Ich war fix und fertig, mein Akku war leer. Aber es hatte sich gelohnt. Eines der schönsten Komplimente erhielt ich von einem Kollegen. »Schade, dass es nur drei Tage waren«, meinte er, als die Feuerwehrfrauen abgereist waren. »Das hat richtig Spaß gemacht mit euch.«

Mittlerweile haben mir viele Kollegen mehr oder weniger leise anvertraut, dass sie glauben, Frauen würden der Feuerwehr guttun. So soll es weitergehen! Ich glaube natürlich auch an die Zukunft der Frauen bei der Feuerwehr und wünsche mir, dass noch viele folgen. Feuerwehrfrau ist ein wunderbarer Beruf. Traut euch – auch wenn wir teilweise alles andere als verlockend umworben werden, wenn es heißt: Frauen und Behinderte werden bei gleicher Eignung bevorzugt.

Wenn auf einmal alles anders ist

Wenn wir einen Einsatzort verlassen, ist für die betroffenen Menschen oft nichts mehr so, wie es vorher war. Eine Wohnung ist ausgebrannt, ein Angehöriger verstorben, ein U-Bahn-Fahrer hat einen Selbstmörder überrollt, der kleine Sohn des jungen Ehepaares ist im Baggersee ertrunken. Die Feuerwehr zieht ab, die Menschen bleiben zurück. Verzweifelt, ratlos, obdachlos. Doch sie sind nicht allein. In München steht ihnen das Kriseninterventionsteam zur Seite, kurz

KIT, unter der Trägerschaft des ASB oder Arbeiter Samariter Bunds.

Weil ich mich nach manchen Einsätzen als Feuerwehrfrau fragte, wie die Menschen nun eigentlich zurechtkommen, wenn wir weg sind, und um ihnen in dieser Zeit Unterstützung zu geben, beschloss ich, mich für das KIT ausbilden zu lassen. Auch, wenn die Ausbildung zeitintensiv ist – ich habe sie nie bereut, sehr viel zurückbekommen und eine Menge gelernt. Alle, die sich hier engagieren, bekleiden ein Ehrenamt. Das KIT finanziert sich durch Spenden. Den Mitarbeitern wird lediglich ein Dienstfahrzeug zur Verfügung gestellt sowie Dienstkleidung.

Weil die Tätigkeit so anspruchsvoll ist, sind die Anforderungen an die Bewerber hoch. Man muss mindestens 25 Jahre alt sein und fünf Jahre im Rettungsdienst absolviert haben, darüber hinaus seine Eignung in ausführlichen Gesprächen unter Beweis stellen, ehe man zu der umfangreichen Ausbildung zugelassen wird. Zu den Aufgaben gehört auch die Überbringung von Todesnachrichten; Polizei, Feuerwehr und KIT arbeiten hier eng zusammen. Erst nach eineinhalb Jahren Ausbildung – ein Jahr lang fährt man in der Obhut eines Mentors zu Einsätzen – ist man befähigt, alleine zu arbeiten.

Die Helfer kommen aus den verschiedensten Berufen. Es gibt Handwerker, Ärzte, Lehrer, Rettungsassistenten, Pfarrer, Büroangestellte, Medizinstudenten, auch Kollegen von der Freiwilligen Feuerwehr und viele mehr. Ich habe während meiner Ausbildung für das KIT sehr interessante Menschen kennengelernt und bin später, als ich eigenständig zu Fällen geschickt wurde, sehr tief mit menschlichen Schicksalen in Berührung gekommen, die ich als Feuerwehrfrau nur streifte.

Gegründet wurde das KIT von einem Kollegen aus dem Rettungsdienst. Es ließ ihn nicht mehr los, dass für die Eltern eines bei einem Verkehrsunfall schwer verletzten Kindes niemand zuständig war. Der Notarzt und die Rettungsassistenten kümmerten sich um das Kind, die Polizei nahm den Unfall auf, die Feuerwehr spritzte das Blut von der Straße. Fertig.

Dabei standen die Eltern völlig alleine da. Da brauchte es doch Helfer, die ihnen zur Seite standen. So rief er 1994 das KIT ins Leben, das erste Projekt seiner Art weltweit. Diese Helfer sind da, wenn alles Medizinische und alles Notfalltechnische erledigt ist.

Als ich den Bundeskongress der Feuerwehrfrauen organisierte, ging mir die Luft für diesen Ehrenamt aus. Ich finde, was man tut, sollte man auch richtig machen. Deshalb zog ich mich zurück – mit der Option, eines Tages wieder im KIT einzusteigen, das ich nach wie vor für eine großartige Initiative halte.

Echte Helden reden drüber

Das SkB-Team für Stressbewaltigung und kollegiale Betreuung der Berufsfeuerwehr interessierte mich ebenfalls. Die Stressbewältigung nach belastenden Einsätzen ist ein wichtiges Thema bei der Feuerwehr. Also meldete ich mich zur Ausbildung an und gehörte im Anschluss vier Jahre lang zum Team.

Die Feuerwehr ist oft als Erstes am Einsatzort. Ein Kollege findet bei einem Wohnungsbrand den toten Säugling in seiner Wiege. Bei einem Selbstmord flockt schaumige Gehirnmasse neben dem aufgeplatzten Kopf des Springers auf dem Asphalt. Man sieht die abgetrennten Gliedmaßen des Verunfallten auf dem S-Bahn-Gleis, und womöglich spricht der vom Zug überrollte Schwerstverletzte noch mit einem Feuerwehrmann. Der Zug steht auf seinem Oberkörper. Alle wissen: Wenn wir den Zug anheben, stirbt der Mann. Er ist nur noch am Leben, weil das Gewicht des Zuges verhindert, dass der Verletzte sein restliches Blut über die großen Blutgefäße im Bauch verliert. Es gibt viele hochgradig belastende Einsätze. Wie geht man damit um? Nicht drüber reden und in der Freischicht ein paar Biere draufkippen? Gemäß der Devise: Wenn du ein echter Kerl bist, darf dir das nichts ausmachen. Nur Weicheier haben Probleme.

Früher war es gang und gäbe, Kollegen, die über belastende Einsätze sprechen wollten, als untauglich für den Beruf des Feuerwehrmannes einzuschätzen. Heute weiß man, dass das grundfalsch ist. Und man weiß, dass es klare Anzeichen gibt, an denen man die Überlastung eines Kollegen erkennen kann. Der bekommt das selbst vielleicht erst mit, wenn es schon fast zu spät ist. Die Mitarbeiter vom SkB-Team stehen als Ansprechpartner für alle Kollegen zur Verfügung. Und dieses Angebot wird auch angenommen. Nicht jeder Feuerwehrmann, der nach einem Einsatz schlecht schläft, muss sich deshalb Gedanken machen. Schlecht zu schlafen ist eine normale Reaktion auf ein unnormales Ereignis. Aber wenn er über Wochen nicht mehr richtig schlafen kann, hat er ein Problem. Die entscheidende Frage ist: Was ist eine »normale« Reaktion? Es ist normal, nach einem aufwühlenden Einsatz plötzlich Bilder vor Augen zu haben oder auf einen bestimmten Geruch, auf gewisse Geräusche schreckhaft zu reagieren.

»Lass das zu, wehr dich nicht dagegen«, raten wir den Kollegen. »Das geht auch wieder weg, und es bedeutet nicht, dass du zu weich für den Job bist.«

So ein Gespräch kann sehr, sehr guttun. Die eigene Aufmerksamkeit wird geschult, um zu erkennen, wann eine Reaktion nicht mehr normal ist. Wenn die Bilder kein Ende mehr nehmen, Gerüche noch lange danach an Einsätze erinnern, wenn man überhaupt nicht mehr zur Ruhe kommt.

»Immer höre ich das Geräusch, wie der Körper aufgeschlagen ist, als er vom Baukran sprang. Wir sind zu spät gekommen. Warum bloß waren wir nicht 30 Sekunden früher dort?«

Gereiztheit, Zurückgezogenheit, Überempfindlichkeit oder Abstumpfung können Alarmzeichen sein für eine akute Belastungsreaktion.

Ziel des SkB ist es, den Kollegen Mut zu machen, ihre belastenden Eindrücke zu erkennen, zuzulassen und auszusprechen. Das ist der beste Weg, der Heldenweg sozusagen. Echte Kerle trauen sich, ihre Probleme anzupacken!

Bei der Ausbildung saß ich neben einem Typen, der aussah, als würde er kleine Kinder frühstücken. Über und über tätowiert, an fast jedem Finger ein massiver Ring mit Totenköpfen, zerfetzte Jeans, klobige Stiefel, Lederjacke und lange Haare. Ich rückte ein Stück zur Seite. Etwas später glaubte ich nicht recht zu hören, als der Rocker neben mir verkündete, dass er keinen Alkohol trinke. Nur Wasser. Aber aus der Leitung, denn die Kohlensäure im Mineralwasser würde die Zellinformationen stören. Seine Stimme klang sanft, und seine braunen Augen blickten freundlich in die Runde.

Ich schämte mich. Wie oft hatte ich mich darüber geärgert, dass ich als Feuerwehrfrau automatisch für eine Kampfamazone gehalten wurde. Und nun begegnete mir ein Mann, der aussah wie ein Rocker, und ich steckte ihn sofort in die dazugehörige Schublade, ohne auch nur ein Wort mit ihm gewechselt zu haben, ohne ihn genauer zu betrachten, ohne mich wirklich für ihn zu interessieren. Ich schwor mir Besserung!

Einparken mit dem 14-Tonner

Heute gehört der Lkw-Führerschein zum Standard bei der Ausbildung zum Feuerwehrler. Als ich anfing, war das noch nicht so. Da benötigte man allerdings nach der Grundausbildung eine förderungsfähige Fortbildung, und die hatte ich als Rettungsassistentin bereits. Auch Rettungstauchen hatte ich schon kennengelernt. Höhenretterin wäre eine weitere Alternative gewesen. Oder Maschinistin.

»Wie schaut's aus, Manu?«, wollte der damalige Fahrzeugmeister Gerd von mir wissen, »willst den Maschinisten machen?«

»Nein«, lehnte ich ab. Daran reizte mich gar nichts.

In den nächsten Monaten änderte ich jedoch meine Meinung. Der Maschinist interessierte mich doch. Erstens benötigte der den Lkw-Führerschein, und zweitens bediente er die Pumpen, das Herzstück der Feuerwehr. Ich fragte Gerd: »Du, mit dem Maschinisten, geht da noch was?«

»Freilich. Müssma halt was schreiben. Aber wie lang des dann dauert, des weiß ich fei ned.«

»Macht nix.«

»Oiso schreibst was?«

Ich nickte und tippte, dass ich gern Maschinistin werden wollte und warum. Das Gesuch gab ich in der Personalabteilung ab. Und dann vergaß ich es, weil es, wie so vieles bei der Feuerwehr, was nicht brennt, manchmal ewig dauert.

Ein Jahr später im Dezember kam die Durchsage: »Frau Wedel, bitte einunddreißig zwanzig.« Das bedeutete, ich sollte mich im Büro des Wachleiters melden.

Oh je, dachte ich erschrocken und überlegte, was ich ausgefressen haben könnte, doch mein Gewissen war rein.

»Hallo. Hab ich was angestellt?«

»Schmarrn. Setz dich mal hin!«

Ich nahm Platz vor dem Schreibtisch des Wachleiters. Er schob ein paar Papiere von rechts nach links, hob eines hoch. »Das mit dem Maschinisten. Da hast du doch mal ein Gesuch geschrieben.«

»Ach das! Das hab ich ja schon fast vergessen.«

»Ist ja auch schon eine Weile her«, nickte mein Chef und wedelte mit dem Papier in der Luft herum. »Aber jetzt ist es durch. Ich hab einen Platz für dich. Wann willst gehen – im Januar oder März? Du weißt ja, dass du dazu aus dem Schichtdienst rausmusst in den Tagdienst.«

»Januar ist schon in sechs Wochen.«

»Das brauchst du mir nicht erzählen. Ich hab trotzdem noch überhaupt kein Weihnachtsgeschenk.«

Ich überlegte kurz. »Januar«, sagte ich.

Sechs Wochen nach dieser Mitteilung fand ich mich um 7:30 Uhr an der Feuerwehrschule zum Führerscheinlehrgang ein. Mit mir waren wir zu siebt. Ich als einzige Frau, wie immer. Wie in einer richtigen Fahrschule lernten wir Theorie und Praxis, fuhren durch die Stadt, parkten ein, rangierten mit Anhänger, auch rückwärts durch Kurven. Das machte mir großen Spaß, und ich stellte mich auch recht passabel an, wie mir der Fahrlehrer bescheinigte. Deshalb verstand ich auch nicht, warum ich vor der Prüfung dermaßen aufgeregt war. In dem Maß hatte ich das noch bei keiner Prüfung durchgemacht. Vielleicht lag es daran, dass meine Kollegen wussten, was ich vorhatte. Durchfallen war ausgeschlossen! Ich hätte es mir nicht verziehen, wo das Lkw-Fahren doch so viel Spaß machte!

Im Anschluss absolvierte ich einen einwöchigen Maschinistenkurs, bei dem ich als Fahrerin auf dem HLF ausgebildet wurde. Außerdem erhielt ich die nötige Ausbildung für die Pumpe und die Aggregate. Wie funktioniert die Schaumzumischung, die Wasserentnahme aus dem Leitungsnetz, das Ansaugen aus offenen Gewässern, der Notbetrieb, der Stromerzeuger und noch vieles mehr.

»Zeig die Urkunde«, wurde ich bei meiner Rückkehr von den Kollegen aufgefordert. Viele freuten sich mit mir über die bestandenen Prüfungen. Doch ohne den Segen vom Fahrzeugmeister durfte ich nicht hinters Steuer. Ihm musste ich gleich nach dem Mittagessen beweisen, dass ich das HLF souverän chauffieren konnte. In der Münchner Innenstadt ist das manchmal recht verzwickt. Die Straßen sind eng, oft zugeparkt, stellenweise hat man rechts und links auch nur wenige Zentimeter Platz. Ein prima Übungsfeld für die frisch gebackene Maschinistin … wenn sie den Segen bekam.

»Passt«, nickte Flori. »Bist super gefahren. Ich bin dabei eingeschlafen. Ein besseres Zeichen gibt es nicht.«

Ich freute mich sehr darüber und schob den Gedanken, dass das deftige Mittagessen vielleicht nicht ganz unschuldig an dem Schläfchen des Kollegen war, weit weg.

Auf der Leiter zur Hauptbrandmeisterin

2010 las ich die Ausschreibung zum Hauptbrandmeisterlehrgang. Nach sieben Jahren bei der Feuerwehr wusste ich, dass ich gern noch ein Stück höher steigen wollte auf der Leiter. Zum Glück sah das mein damaliger Wachabteilungsführer genauso und beurteilte mich als geeignet. Das bedeutete jedoch noch lange nicht, dass ich am Hauptbrandmeisterlehrgang teilnehmen konnte. Vorher musste ich ein Auswahlverfahren durchlaufen. Ich war nicht die Einzige, die sich für diese Beförderung interessierte. Drei weitere Kollegen aus meiner Abteilung, fachlich sehr gut und ebenfalls als geeignet eingestuft, lernten wie ich und oft mit mir gemeinsam für das Auswahlverfahren: physikalische Kräfteverhältnisse, Hebelgesetz, Volumenberechnung, Widerstände, Deutsch, Gerätekunde, Prozentrechnen, praktische Einsatzübungen. Es gab viel aufzufrischen für mich, denn ich musste sehr gut abschneiden; für 60 Bewerber gab es nur zehn Stellen.

»Du kannst dich doch ganz entspannt zurücklehnen, du bist doch sowieso dabei«, behauptete einer meiner Kollegen, der keine Empfehlung für den Lehrgang vom Chef erhalten hatte. Er machte eine Pause. »Als Quotenfrau.«

Das verletzte mich. Als wäre mir je bei irgendeiner Prüfung etwas geschenkt worden!

Einen Sporttest musste ich diesmal nicht absolvieren, dafür eine Erörterung schreiben, Feuerwehrfachfragen beantworten sowie eine fundierte Allgemeinbildung vorweisen. Auf Letzteres zu lernen ist schwierig. Da braucht es vor allem Glück. Wie weit ist der Mond von der Erde weg? Was ist der grüne Hügel, und wo befindet er sich? Wann nagelte Martin Luther seine Thesen an und wo? Von wann bis wann dauerte das Mittelalter?

Dagegen war die praktische Prüfung ein Klacks, hier konnte ich mich vorbereiten. Fünf Stationen erwarteten die Prüflinge, zwei Prüfer stellten feuerwehrtechnische Fragen. Von der Funktionsweise der Feuerlöschkreiselpumpe über die Sicherheitseinrichtungen an der Kettensäge bis hin zum Ablauf einer Reanimation und vielem mehr. Im Zweierteam mit einem Kollegen musste ich darüber hinaus einen praktischen Einsatz simulieren: Eine Puppe lag unter zwei Betonplatten eingeklemmt, die Platten waren instabil. Das war eine anspruchsvolle Aufgabe, die Platten waren raffiniert gelegt.

»Wenn ihr den Patienten schädigt, seid ihr durchgefallen.«

Dank Luftheber und Gerätschaft aus dem HLF, die uns zur Verfügung standen, retteten wir die Puppe ohne einen einzigen Kratzer.

»Vielen Dank. Ihr hört von uns«, wurden wir verabschiedet.

Dann begann das Warten. Das kannte ich ja schon.

Zwei Monate später betrat ich morgens die Wache. »Herzlichen Glückwunsch, Manu«, begrüßte mich Klaus.

»Geburtstag hab ich nicht.«

»Du hast bestanden!«

»Davon weiß ich nichts.«

»Im Raucherraum erzählen sie es. Du bist dabei!« Strahlend klopfte Klaus mir auf die Schulter. »Spitze! Ich hab nämlich auf dich gewettet.«

So genau wollte ich das gar nicht wissen! Aber wenn das im Raucherraum rumging, dann war es wohl wahr … hoffentlich!

Mittags erhielt ich die offizielle Bestätigung von meinen Chefs. Mein Wachabteilungsführer und sein Stellvertreter grinsten bis zu den Ohren. »Wir haben da was für dich,

Manu.« Sie überreichten mir ein schwarzes Gruppenführerband, das nach bestandener Prüfung meinen Feuerwehrhelm zieren würde. Bis jetzt war mein Helm nackt gewesen bis auf den Aufkleber der Feuerwache 1 und den Äskulapstab, bei der Berufsfeuerwehr München das Zeichen für die Rettungsassistenten.

Das schwarze Band steigerte meinen Ehrgeiz. Doch bis ich es würde tragen können, war es noch ein weiter Weg. Bislang hatte ich ja nur das Auswahlverfahren gemeistert. »Als Fünfte von 60!«, wie ich in einem offiziellen Schreiben erfuhr. Die Kollegen, mit denen ich gelernt hatte, schafften es leider nicht auf den Lehrgang, ihr Notendurchschnitt reichte nicht aus.

Von Oktober 2010 bis Februar 2011 drückte ich die Schulbank. In dem Lehrgang zum Hauptbrandmeister saßen 22 Männer – und ich. Zum Teil stammten meine Mitschüler von Werkfeuerwehren der Firmen BMW und Audi, es gab Mitarbeiter aus einem Kernkraftwerk, vom Roten Kreuz und der Freiwilligen Feuerwehr.

»Frauen bei der Feuerwehr finde ich okay«, teilte mir mein Banknachbar am ersten Tag ungefragt mit. »Die bleiben ja nicht für immer. Irgendwann sind sie schwanger, und dann sind sie weg.«

Ich bemühte mich, ihn in keine Schublade zu stecken. Im Lauf der Zeit stellte er sich als netter Kerl heraus, mit dem ich mich gut verstand. Der Lehrgang machte mir großen Spaß. Gelegentlich hatten wir Außentermine für die Regelungen des vorbeugenden Brandschutzes, besuchten Theater, lernten den Umgang mit Gefahrengut, aber auch Deutsch, Mathe und die Abläufe in der Verwaltung gehörten zum Unterrichtsstoff. Ich büffelte fleißig. Diesmal dauerte die Prüfung zwei Wochen und war sehr umfangreich. Schließlich musste ich unter

Beweis stellen, dass ich als Gruppenführerin im HLF taugte und die Verantwortung für meine Mannschaft mit fünf Leuten übernehmen konnte. Die Hauptbrandmeisterin ist vergleichbar mit einem Handwerksmeister. Aus- und Fortbildung gehören mit zu den Aufgaben. Deshalb wurden auch Rhetorik, Methodik und Taktik geprüft, wir bereiteten Unterrichtsstunden vor und hielten sie auch ab.

Das Fach Taktik mochte ich am wenigsten, denn es gibt keine Patentlösungen bei der Feuerwehr. Drei Stunden dauerte die schriftliche Prüfung in diesem Fach. Es kam darauf an, darzulegen, wie man einen vorgegebenen Einsatz abarbeiten würde. Wie würde man den Gefahren begegnen, wo die Schwerpunkte setzen. Das alles musste ausführlich argumentiert werden und, wenn möglich, der Musterlösung des Prüfers nahe kommen. Ich hatte ein gutes Gefühl nach der Prüfung, und das bestätigte sich auch. Ich hatte bestanden! Ich bedankte mich bei den Kollegen, die mir die Daumen gedrückt hatten – und verabschiedete mich von ihnen. In meiner neuen Funktion wechselte ich nämlich in eine andere Wachabteilung, von 1A nach 1B. Immerhin blieb ich im selben Haus. Da gab es ja schließlich den Damen-Ruheraum! Was aber diesmal nicht ausschlaggebend war, sondern vielmehr eine Anfrage aus der Pressestelle. Ihr Leiter hatte mich gefragt, ob ich bei ihm mitarbeiten wollte. Die Pressestelle befindet sich auf der Feuerwache 1. Joseph aus der Kantine, bei dem ich bislang meine Sonderaufgabe erfüllt hatte, von der jeder Feuerwehrler eine hat, war nicht begeistert davon, dass ich zu Karl überlaufen würde. Aber die Kantine kannte ich nun schon, und die Pressestelle interessierte mich wirklich – auch wenn mir schwante, dass diese Zusatzaufgabe sehr umfangreich sein würde. Ein bisschen hatte ich ja schon »reingeschmeckt«, wie man in Bayern sagt, als ich den Bundeskongress des Netzwerks Feuerwehrfrauen mit organisierte. Selbstverständlich entband mich die Pressestelle nicht vom Gong. Wenn es brennt, wird alles stehen und liegen gelassen. Ob man gerade ein Schnitzel paniert oder ein Pressefoto skaliert hat: Da heißt es Stange runter, Klamotten anziehen, rein ins HLF und los. In Zukunft allerdings nicht mehr hinten bei der Mannschaft, sondern vorne auf dem Beifahrersitz, dem Platz des Verantwortlichen.

Doppelter Neuanfang

Am 2. April 2011 befestigte ich das schwarze Band an meinem Helm und trat meinen Dienst als Gruppenführerin an. Drei Monate später wurde ich zur Brandinspektorin befördert. Viele Fragen trieben mich in dieser Zeit um: Wie würden die Kollegen mit einer Frau als Chefin umgehen? Das ist für viele Männer auch außerhalb der Feuerwehr oft nicht einfach.

Siegi aus der Kantine gab mir den Rat, mich baldmöglichst in die Leitstelle versetzen zu lassen. »Dann brauchst nicht mehr so viel ausrücken, da machst vor allem Telefondienst. Des ist viel besser für dich. Weil von die Mannsbilder lässt sich doch keiner was von einer Frau anschaffen.«

Es ging mir nicht darum, Chefin zu sein. Ich wollte einfach nur meiner neuen Verantwortung gerecht werden. Es war mir klar, dass das nicht klappen konnte, wenn die Mannschaft mich boykottierte. Im Lehrgang waren wir auf Anfangsschwierigkeiten vorbereitet worden. Alle. Nicht bloß ich als einzige Frau. »Lasst euch Zeit«, hatten die Ausbilder uns geraten, »in die neue Rolle hineinzuwachsen.« Rückwirkend stelle ich fest, dass es fast ein Jahr gedauert hat, bis ich mich als Gruppenführerin wirklich wohl, sicher und souverän fühlte.

Zu Beginn war ich oft nervös gewesen. Würde ich die richtigen Entscheidungen treffen? Würde ich die Gefahrenlage angemessen beurteilen? Vom Beifahrersitz aus schaut die Feuerwehrwelt ganz anders aus, als wenn man hinten sitzt, einfach mitfährt und weiß, dass der da vorne schon bekannt geben wird, worauf es ankommt. Jetzt bin ich die da vorne und fälle die Entscheidungen. Wo sollen wir den Löschangriff aufbauen? Ich muss zum Beispiel abschätzen, wie hoch ein Gebäude ist, um die Leitern optimal einzusetzen, und vieles mehr.

Manchmal sehne ich mich nach einem Plätzchen hinten im HLF, wo einem aufgetragen wird, was man zu tun hat. Du gehst dahin, du machst dies, du machst jenes, du nimmst Folgendes mit. Jetzt bin ich die Verantwortliche, die das Team einteilen muss. Und motivieren, loben, auf es aufpassen. Ich bin verantwortlich für meine Männer. Darüber hinaus schreibe ich nun Einsatzberichte, bereite Unterrichtsstunden und Übungsdienste vor, fordere Material für die Wache an und unterstütze den Dienstbetrieb.

Je nachdem, wie die Besatzung im HLF aussieht, klappt es mal sehr gut und mal bloß gut. Hin und wieder läuft es suboptimal. Dann mache ich es beim nächsten Mal besser. Es passierte mir jedoch kein einziges Mal, dass meine Entscheidungen infrage gestellt wurden. Letztlich löscht man auch vom Beifahrersitz aus nur mit Wasser – zumindest in den allermeisten Fällen.

Ein Wachtag im Januar

Weihnachten ist vorbei. Silvester ist vorbei. Wie jedes Jahr hat die Wachmannschaft am 31. Dezember Zuwachs erhalten. Im Juli und an Silvester kommen die Neuen. Wer an Silvester anfängt, hat einen passenden Einstieg bei der Feuerwehr, denn da brennt es immer. Oft beendet man das alte Jahr mit einem Löscheinsatz und fängt im neuen gleich mit dem nächsten an. Was ja bei der Feuerwehr und ihrem abwechslungsreichen Angebot an Hilfeleistungen nicht unbedingt die Regel ist. Wenn man nach der Häufigkeit der Einsätze geht, könnte die Feuerwehr auch anders heißen: Feuermelderwehr, Ölspurwehr, Wasserwehr, Rettungsdienstwehr – mir tut was weh, ist da wer?

Feuerwerkskörper allein wären wahrscheinlich kein Problem, gefährlich wird es erst, wenn der Jahreswechsel, wie es leider üblich ist, mit brennbarer Flüssigkeit begossen wird. Alkohol führt zu Leichtsinn. Darauf können wir uns verlassen. Ebenso wie darauf, dass irgendeine Rakete auf einem Balkon oder Dach landet. Ein Balkonbrand ist an Silvester mindestens drin, wenn nicht sogar mehrere. Was für ein schöner Einstieg für die neuen Kollegen, mit Lightshow und Böllern. Auf der Wache laufen Wetten, wann wohl der erste Alarm losgeht, wir nennen das Alarmlotto. Jeder will aufs HLF, da ist am meisten los. Oft kommt der erste Gong zum Jahreswechsel. Wir rücken aus, und es geht rund. Die Stadt liegt in buntem Nebel, es sind kaum Autos unterwegs, dafür Raketen, viele Blaulichter, überall Kollegen im Einsatz, Polizei, Rettungsdienst, Martinshorn. Drei, vier Einsätze lang macht das sogar Spaß. Man ist mittendrin im Silvestertreiben. Sorgt dafür, dass die Partyfreude der Feiernden nicht allzu ernüchternd endet. Hofft, dass nichts wirklich Schlimmes passiert. Aber irgendwann wird es fad und noch später albern, nervig, unangenehm. Das hängt vom Alkoholpegel ab, dem man begegnet. Und wieso müssen eigentlich Sektflaschen auf Straßen geworfen werden? Ab drei Uhr morgens fahren wir *business as usual*, an Silvester gehäuft: *PaM* und *Moritz 3000.*

In Ketten gelegt

Im Winter können Einsätze sehr ungemütlich sein. Die Tage sind kurz, die Nächte lang. Mistwetter, Schmuddelwetter, Schneekatastrophen. Wenn es draußen kalt ist, werden die Finger schnell klamm, Arbeiten an der frischen Luft ist dann nicht mehr so toll. Eisiger Wind beißt ins Gesicht, der Regen fühlt sich an wie feine Nadelstiche, schon wieder sind die Handschuhe nass. Man steht herum und friert. Oft ist es diesig oder neblig, zischend fahren die Reifen durch Pfützen. Schneematsch. Die meisten Straßen in der Innenstadt werden nicht geräumt, weil es keinen Platz für den Schnee gibt. Also wird gesalzen. Auf allen Autos liegt ein Salzfilm. Kratzende Scheibenwischer, Schmiere auf der Scheibe. Unten an den Schmutzfängern sammeln sich Schneebatzen, die ziehen die Autos in die Fahrzeughalle. In der Stadt ist der Winter nicht schön.

Es schneit in großen Flocken, schon seit Dienstbeginn. Wie auf einem Kalenderbild sieht die Stadt aus. Jetzt gefällt sie mir doch. Alles so friedlich und in Watte gebettet. Es sind nur noch diejenigen unterwegs, die einen wichtigen Grund dafür haben.

Gegen 21 Uhr kommt eine Durchsage von Gerd, unserem Fahrzeugmeister: »Die Wachmannschaft bitte ins Gerätehaus.«

Dort hören wir, dass es weiterschneien soll – über die Leitstelle erhalten wir die Unwetterwarnungen vom Deutschen Wetterdienst. »Also ich glaub ned, dass mia eingschneit werden«, sagt Gerd. »Aber mia ziehn jetzt mal Schneeketten auf alle Fahrzeuge. Wenn mia die dann brauchen, samma froh. Wenn ned, war's a gute Übung. Und wenn mia später merken, dass mas brauchen, hammas scho drauf.«

Wie so oft und ganz ohne Gong entwickelt sich Feuerwehrdynamik. Mal sehen, wer am schnellsten ist.

Ich bin mit Andi am RTW. Andi holt die Schneeketten für die Antriebsachse hinten. In seinen Augen blinken Fragezeichen. In meinen dagegen Ausrufezeichen! Ich weiß Bescheid, ein Kollege beim Roten Kreuz hat mir einmal zum Mitschreiben genau erklärt, wie man Schneeketten befestigt: aufziehen, drüberfahren, festmachen. Auf der gegenüberliegenden Seite das gleiche Spiel, fertig.

Andi und ich gewinnen den Schneekettenwettbewerb und genießen es, den anderen mit dummen Sprüchen beizustehen.

»Und jetzt fahren alle mal eine Runde«, sagt Gerd.

Das ist wichtig, weil man die Ketten nachziehen muss, und außerdem bekommen wir so ein Gespür für das veränderte Fahrverhalten. Auch unter Blaulicht fährt man mit Ketten nicht schneller als 50 km/h. Als wir zur Theresienwiese abbiegen, höre ich ein komisches Geräusch.

»Da war bestimmt nichts«, meint Andi, dem ich es mitteile.

Zurück auf der Wache, wollen wir die Schneeketten nachziehen.

Aber wir finden sie nicht mehr, also nur noch eine.

»Ich weiß, wo die andere ist!«, rufe ich.

Andi stemmt die Hände in die Seiten. »Bei einem halben Meter Schnee?«

»Logisch!«

Wir fahren zurück. An der Stelle, wo ich das komische Geräusch gehört hatte, halte ich an, stapfe durch den Schnee und ziehe die Kette heraus.

Andi staunt. »Das hat noch keiner geschafft. Erst in Rekordzeit Ketten aufgezogen, dann verloren und wiedergefunden. Respekt!«

Gerd, unser Fahrzeugmeister, freut sich, dass wir vorausschauend gehandelt haben, denn es schneit immer weiter. Die ganze Nacht und den nächsten Tag und noch eine Nacht. Es entgleist sogar eine Trambahn in der Innenstadt.

Der Wasserschaden

Schnee ist auch bloß Wasser. Und Wasser ist manchmal schlimmer als Feuer, denn Wasser findet immer einen Weg. Man kann es nicht aufhalten. Bei Frost gefriert Wasser, und dabei dehnt es sich aus. Benötigt viel Platz. Egal, ob im Teich oder Baggersee oder Heizungsrohr: Wasser kennt kein Pardon. Wenn es nicht genug Platz hat, sprengt es auch Rohre.

Licht – Gong: Balanstraße, Feuerwache 1 das zweite HLF, Unterstützung KLAF Feuerwache 5 ein Wasserschaden

»Was steht denn auf dem Alarmschreiben?«, werde ich als Gruppenführerin gefragt.

»Das Kleinalarmfahrzeug der Feuerwache 5 ist bei einem Wasserschaden. Die haben um Hilfe gerufen. Ein Einfamilienhauskeller unter Wasser, 50 Zentimeter.«

»Oha«, sagt Robert, »da brauch ma wohl mehr als einen E-Sauger.«

Der E-Sauger ist ein Staubsauger, der auch Wasser saugen kann, ideal für kleinere Schäden wie einen geplatzten Waschmaschinenschlauch.

Das Einfamilienhaus älteren Baujahrs sieht von außen sehr gemütlich aus an diesem sonnigen, aber eiskalten Wintertag. In einem blühenden Garten im Frühling oder Herbst ist es keine Kunst für ein älteres Haus, so auszuschauen, besonders, wenn die Fensterläden grün oder rot gestrichen sind und Blumen vor den Fenstern stehen. Im kahlen Wintergewand noch gemütlich zu wirken, schaffen nicht allzu viele Häuser, doch dieses gehört fraglos dazu. Wer hier wohnt, pflegt sein Heim, wie zahlreiche liebevolle Kleinigkeiten beweisen. Da gibt es einen Steingarten und geschnitzte Holztreppenläufe, Herzchen in den Fensterläden und Hinterglasmalereien an den Fenstern. Zwei meiner Kollegen von der Feuerwache 5 schieben im Erdgeschoss unermüdlich Wasser Richtung Ausgang.

Der Einsatzleiter vom KLAF erklärt mir die Situation. »Die Besitzerin ist im Krankenhaus. Der Sohn war eine Weile verreist, er sieht hier nach dem Rechten. Wie du weißt, hatten wir ja einige Tage Minustemperaturen im zweistelligen Bereich. Wann genau es passiert ist, weiß keiner, jedenfalls hat der Sohn heute Morgen, er war länger nicht mehr da gewesen, festgestellt, dass eine Wasserleitung unterm Dach aufgefroren ist. Wie viele Tage das Wasser schon läuft – keine Ahnung«, der Einsatzleiter zuckt mit den Schultern.

Ich betrete die Diele. Innen wie außen: auf den ersten Blick gemütlich. Nur die Geräusche stören. Es regnet innen. Auf dem Weg ins Wohnzimmer flatscht der Teppichboden unter meinen Füßen: eine große Pfütze.

»Im Keller 56 Zentimeter«, meldet der Einsatzleiter.

Dieses Haus ist nun nicht mehr bewohnbar, und das für längere Zeit. Obwohl ich die Eigentümerin nicht kenne, tut sie mir leid. In jeder Ecke steckt so viel liebevolle Behaglichkeit. Die Lampenschirme, die Spitzdeckchen, die freundlichen Holzmöbel, Kerzenständer, Bilder, viele, viele Bücher … und dann das Wasser. Es tropft und rinnt unaufhaltsam, rieselt aus den Deckenlampen über die Wände, an der Treppe hat sich ein kleiner Sturzbach gebildet. Hier ist fast alles verloren. Die Einrichtung, die Bücher, die Fotos, samt persönlichen Erinnerungen. Natürlich haben die Kollegen als Erstes das Wasser abgesperrt, aber es hat sich schon in den Decken und Wänden gesammelt und wird noch lange Zeit nachtropfen. Die Feuerwehr pumpt, saugt und schiebt so viel wie möglich nach draußen. Trocken legen können wir das Haus nicht, nur das Gröbste tun – erste Hilfe leisten für das Gebäude.

Damit so etwas nie passiert, sollte der Heizthermostat immer zumindest auf der Stellung Frostschutz stehen. In frostgefährdeten Bereichen sollte man das Wasser im Winter absperren. Und bei längerer Abwesenheit das Absperrventil für Warm- und Kaltwasser schließen.

Wenigstens handelt es sich bei diesem Einsatz um klares Wasser. Das Münchner Wasser ist bekannt für seine gute Qualität. Viele Bürger nutzen es als Trinkwasser, manche peppen es mit Kohlensäuresprudlern auf. Es gibt aber auch andere Zusätze im guten Münchner Wasser, die mir bei einem anderen Einsatz im Gegensatz zu meinen Kollegen erspart geblieben waren, denn eigentlich hätte es mich treffen sollen. An jenem Tag war ich als Gruppenführerin am ersten HLF eingeteilt. Doch Karl, mein Chef von der Pressestelle, kommandierte mich ab, weil eine wichtige Besprechung anstand. Wenn ich im Wachbetrieb gebraucht werde, rücke ich selbstverständlich mit aus. Das Einsatzgeschehen geht immer vor. Doch es war ein normaler Tag bis dahin, und Jürgen konnte meine Funktion übernehmen.

»In zirka einer Stunde bin ich wieder da«, sagte ich zu ihm.

»Es dauert so lang, wie es dauert«, erwiderte Jürgen. »Sag einfach Bescheid, wennst wieder übernehmen kannst.«

Nach 50 Minuten Besprechung war ich wieder einsatzbereit. Doch keine Spur von Jürgen und dem ersten HLF.

»Wo sind die denn?«, fragte ich Omma, der eigentlich Michael heißt. Bei der Feuerwehr haben viele Kollegen ungewöhnliche Spitznamen. Michael kam zu seinem, weil er einmal, von einem Einsatz zurückkehrend, nicht aufhören konnte, von der netten alten Dame zu schwärmen, die er dabei kennengelernt hatte. »Die hat mich so an meine Omma erinnert!«

In Bayern hat man keine Omma wie im Rheinland, sondern eine Ooma.

Michael teilte mir mit, wo Jürgen und meine Mannschaft sich befanden: »Das Erste ist in der Sonnenstraße. Bei …«, er grinste, »einem Scheißeinsatz.«

»Was soll denn das sein?«

»Du kannst es wörtlich nehmen.«

Als Jürgen und die Besatzung nach drei Stunden zurückkehrten, wollten sie nur eins: desinfizieren und duschen. Der Einsatz war leider auch beim Essen das Hauptthema: Bei einem

Platzregen geriet die Kanalisation an ihre Grenzen. An der Abwasserzuleitung eines Gebäudes war die Rückschlagklappe defekt und drückte das Kanalwasser in das Haus, durch alle Toiletten. Springbrunnenartig entlud sich die Kanalisation in die Wohnungen und Büros. Mit allem, was darin herumschwomm. Mahlzeit.

Feuerwehrmänner sind sexy

Fonsi macht eine Durchsage, die seltsam klingt: »Ein Schlosser bitte in die Nachrichtenstelle.«

Stephan und ich wechseln einen fragenden Blick. Wir sind gerade dabei, die Einsatzkarte für den Brandeinsatz im Hochhaus durchzusprechen. Das ist schon lange nicht mehr vorgekommen, und wir wollen es mal wieder auffrischen. Die Wahrscheinlichkeit, dass es passiert, wenn es lange nicht passiert ist, ist hoch. Zu allen nicht alltäglichen Einsätzen gibt es eine solche Karte. Man muss zwar als Feuerwehrler viel wissen, aber man kann nicht alles im Kopf parat haben. Deshalb gibt es diese Hilfen mit allen wichtigen Informationen.

Zur Nachrichtenstelle sind es nur ein paar Schritte.

»Was gibt's?«, frage ich, noch ehe ich die Gäste auf der Wache richtig wahrnehme. Manchmal fahren wir nicht zur Kundschaft, sondern die Kundschaft fährt zu uns.

Fonsi weist auf zwei Männer, auf den ersten Blick als Pärchen erkennbar. Beide sehr gepflegt, ein Kerl und eine … Kerlin.

»Sie hat, äh, er hat …«

Die beiden grinsen.

Fonsi setzt erneut an. »Also, er hat von ihm einen Ring gekriegt.«

Sie oder er hebt die Hand und wedelt mit den Fingern durch die Luft.

»Hübsch«, nicke ich.

»Find ich auch«, erwidert er kokett. »Titan.«

»Aber«, sagt Fonsi. »Er ist zu klein.«

»Oh«, sagt Stephan.

»Mir tut die ganze Hand schon weh«, sagt er und schickt einen bühnenreifen Augenaufschlag Richtung Fonsi.

»Wie lang haben Sie denn den schon dran?«, frage ich.

»Seit zwei Tagen. Das ist mein Problem. Er geht nicht mehr runter.«

Das ist ein Fall für das feinmechanische Werkzeug.

Stephan klappt schon mal den Alukoffer auf.

»Oh, wie aufregend!«, kommentiert unser Patient und rückt Stephan auf den Pelz. Der macht einen Satz zur Seite. Nur mit Mühe verkneife ich mir das Lachen.

Wenn man sich einen Ring schenken lässt, ist es ratsam, ein weiches Metall vorzuziehen. Allerdings werden die Schmuckmetalle immer härter, weil die Rohstoffe teurer werden. Ein einfaches Ringschneidewerkzeug gerät da schnell an seine Grenzen. Ein Titanring bietet harten Widerstand. Doch auch den werden wir dank eines Verbesserungsvorschlags unseres Kollegen Alois brechen. Wie in vielen Firmen werden auch bei der Feuerwehr Verbesserungsvorschläge eingereicht. Manche Kollegen sind hier recht findig. Alois' Idee basiert auf einem tragischen Einsatz: Ein Kind war mit der Hand in einen Fleischwolf geraten und bis zum Oberarm hineingezogen worden. Als Alois und die Kollegen den Unfallort erreichten, waren die Finger beziehungsweise die Reste davon vorne am Fleischwolf schon wieder herausgekommen, in einem schrecklichen Zustand. Das Metall des Fleischwolfes war weich und schwierig zu bearbeiten, das optimale Werkzeug fehlte. Die Kollegen konnten ja nicht einfach schneiden, der Arm des Kindes steckte in dem Fleischwolf. Der Junge wurde in Narkose gelegt und mit dem Fleischwolf am Arm in die Klinik gebracht. Alois ist Feinmechaniker. Diesmal arbeitete er im OP. Viele Möglichkeiten schieden aus. Der Trennschleifer zum Beispiel wäre sehr schnell heiß geworden und hätte den Arm des Kindes zusätzlich verletzt. Schließlich gelang es, den Jungen zu befreien – die Ärzte zauberten: Der Junge verlor nur zwei Finger komplett. Dieser Einsatz inspirierte Alois seinerzeit zu seinem Verbesserungsvorschlag, und es wurde – für Feuerwehrverhältnisse – eine Art Uhrmacherwerkzeug angeschafft, das uns schon oft gute Dienste leistete – ob bei Ringen an Fingern oder Penissen, oder wenn Finger in Ausgusssieben, Gartenfackelfassungen, Schrauben und Muttern steckten. Zur Wiesnzeit retteten wir einmal einen Handwerker, der sich mit dem Schlagschrauber versehentlich eine Mutter auf den Zeigefinger geschraubt hatte. Dagegen ist dieser Einsatz reine Routine.

Unser Spezialist des heutigen Tages, Peter, legt ein dünnes Federstahlblättchen unter den Ring und beginnt dann, mit dem kleinen Trennschleifer zu schneiden.

»Geht's?«, fragt er.

Ein tiefes Seufzen ist die Antwort.

»Alles okay, Schatz?«, fragt der Partner.

»Ja«, haucht der Patient, wobei er den Eindruck erweckt, der Finger würde ihm ohne Narkose mit einem stumpfen Messer abgesäbelt.

»Halt durch. Gleich hast du es geschafft!«

»Ja«, haucht der Patient und vergisst, sich auf seinen Finger zu konzentrieren. Die Uniformen und der Bizeps von Jörg erregen sichtlich seine Aufmerksamkeit.

»Als Feuerwehrmann muss man sicher sehr stark sein«, flirtet er Jörg an, der eine Weile braucht, ehe er begreift, was hier vor sich geht. Er hat doch eigentlich nur ein Alarmfax für seinen Einsatzbericht aus der Nachrichtenzentrale holen wollen! Fluchtartig verlässt er den Raum.

Peter hebt den kleinen Trennschleifer in die Luft: »Reiner Uhrmacherjob.«

»Ja, aber das ist ja jetzt ein Ausnahmefall, oder? Normalerweise braucht ihr schon eure … Muckis?«

Gleich würde er fragen, ob er mal anfassen darf. Ich muss mich abwenden, um nicht laut herauszuplatzen.

Dieses Geplänkel stößt bei seinem Lebensgefährten auf wenig Gegenliebe.

»Wie lang dauert's noch?«, will er wissen.

»Glei hammas«, erwidert Peter.

Sowohl betrübt über die Schnelligkeit der Feuerwehr als auch heilfroh, verabschieden sich die beiden kurz darauf. Der Finger ist gerettet, der Ring bedarf einer Erneuerung.

Girls'Day

Vor einigen Jahren wurde der Girls'Day ins Leben gerufen. »Mädchen erobern Berufe in Naturwissenschaft und Technik«, lautet das Motto. Die Münchner Berufsfeuerwehr nimmt daran mit allen zehn Wachen teil. Rund 150 Mädels ab der fünften Schulklasse rücken zum Girls'Day bei der Feuerwehr ein. Die Planung für den Girls'Day beginnt im Januar meistens auf sehr überraschende Art und Weise, nämlich wenn irgendjemand feststellt: »Da ist jetzt doch dann dieses Ding, dieser Tag, na … also der Girls'Day.« Man stöhnt, man überlegt, man verschiebt, man schiebt weg – zu Manu. »Du kannst das doch machen. Du bist doch 'ne Frau.«

Mittlerweile habe ich diese Veranstaltung schon so oft organisiert, dass sie an mir hängen geblieben ist. Es ist mir ein großes Anliegen zu zeigen, dass die Feuerwehr kein ausschließlicher Männerberuf ist, dass eine Frau das genauso gut kann. Hin und wieder überkommt einen meiner Kollegen an Tagen wie diesem im Eifer des Gefechts die Lust an der schillernden Darstellung unseres Berufes – und merkt womöglich gar nicht, wie einschüchternd das auf die Schülerinnen wirkt. Da wird in den wildesten Farben geschildert, was man alles können muss, wie groß und stark und mutig, sprich männlich man sein muss für diesen Beruf und so schreckt »Mann« die Mädchen ab. »Das ist nichts für mich«, denken sogar diejenigen, die sich prinzipiell für einen untypischen Frauenberuf interessieren. »Ich bin ja kein Held.«

»Helden müsst ihr nicht sein«, steuere ich dagegen. »Wenn ihr etwas wirklich wollt, dann schafft ihr das auch. Es geht darum, sich mal alle Berufe anzuschauen, nicht nur die typischen wie Kosmetikerin, Erzieherin, Büroangestellte. Deshalb seid ihr hier.«

Wehe, eine der jungen Damen bricht sich bei einer Übung den Fingernagel ab und bedauert das auch noch laut. Da dauert es nicht lang, bis ein Kollege ihr eine Unfähigkeitsbescheinigung ausstellt:

»Das haben wir doch gleich gewusst, dass das nichts für euch ist.«

Ich weiß, dass meine Kollegen gern scherzen. Humor braucht man bei der Feuerwehr! Doch manchmal würde ich mir wünschen, einige unter ihnen würden sich vorher überlegen, was sie sagen. Ich habe mittlerweile ein dickes Fell, aber das muss einem ja erst mal wachsen. Ein Girls'Day ist zu kurz dafür. Trotzdem hoffe ich jedes Mal, die eine oder andere Teilnehmerin mit meiner Begeisterung für meine Berufswahl anstecken zu können. Übrigens habe ich selbst, obwohl ich so hart trainierte, um die beim Einstellungstest erforderlichen Klimmzüge zu schaffen, noch nie einen dienstlichen Klimmzug benötigt, um meinen Beruf auszuüben.

Jedes Jahr denken wir uns ein tolles Programm für den Girls'Day aus. Vom Drehleiterfahren bis zur Reanimation an der Puppe, vom Feuermachen bis zum Feuerlöschen. Es darf sogar Hand angelegt werden, ein schrottreifes Auto endgültig in Schrott zu verwandeln – und das alles in der tollen Schutzkleidung der Feuerwehr. Zum Andenken an den Girls'Day erhält jede Teilnehmerin ein Foto von sich in Feuerwehrmontur. Der Tag ist meistens sehr anstrengend für mich, denn pubertierende Mädchen haben vor allem eins im Kopf: Flausen. Das ist ein Gegacker und Gekichere – unglaublich! War ich auch mal so?

Falscher Alarm

Nicht nur die Baubehörden, sondern auch Versicherungen verpflichten Firmen, Hotels, Schulen, Theater, Banken und viele öffentliche und nichtöffentliche Einrichtungen, Brandmeldeanlagen zu installieren, Brandabschnitte zu planen und einzurichten und gegebenenfalls Löscheinrichtungen vorzuhalten. In Firmen mit speziellen Produktionsabläufen müssen spezielle Löscheinrichtungen vorhanden sein. Serverräume oder chemische Laboratorien, auch Nuklearabteilungen in Krankenhäusern können beispielsweise nicht mit Wasser gelöscht werden.

Brandmeldeanlagen können Leben retten. Ein Feuer wird in der Entstehungsphase erkannt, meist in Form von Rauch.

Allerdings kann eine Brandmeldeanlage nicht unterscheiden, woher der Rauch rührt: Kommt er von einem »echten« Feuer oder nur von angebranntem Essen, handelt es sich vielleicht um Wasserdampf oder Staub von Bauarbeiten. Außerdem sind die Anlagen äußerst empfindlich. Und sie üben einen hohen Reiz aus. So mancher Schüler glaubt erst, wenn wir vor Ort sind, dass die Feuerwehr tatsächlich ausrückt, sobald der Druckknopfmelder betätigt wird. Solch ein Test kann teuer werden. Böswillige Alarme werden verrechnet.

Die Betreiber einer Brandmeldeanlage sind für ihre Funktionsfähigkeit verantwortlich. Fehlalarme werden ebenfalls verrechnet. Blöd, wenn der Fehler in zwei Stunden erneut passiert. Und noch blöder, wenn der Betreiber vergisst, die Anlage auszuschalten, weil beispielsweise Wartungsarbeiten vorgenommen werden. Oder nicht daran denkt, sie danach wieder einzuschalten – und dann brennt es wirklich, und der Alarm wird nicht zur Feuerwehr weitergeleitet.

Manchmal fahren wir so viele Fehlalarme hintereinander ab, dass wir gut aufpassen müssen, nicht nachzulassen in unserer Aufmerksamkeit. Irgendwann brennt es doch.

Licht – Gong: Marienplatz, U- und S-Bahnhof, Feuerwache 1 der Inspektionsdienst, der Zug, Feuerwache 3 der Halbzug, Feuerwache 5 das zweite HLF, eine Feuermeldung

»Was würden wir bloß ohne den Marienplatz machen«, seufzt Martin.

»Das kann ich dir schon sagen«, erwidert Stefan. »Mittagessen.« »Also die Feuerwehr wär ein super Beruf«, mischt Christian sich ein, »wenn die Alarme nicht wären.«

»Es hilft nichts«, rufe ich meine Jungs zur Ordnung, »Alarm ist Alarm. Schmidi, fahr los!«

»Aber aufm direkten Weg, damit mia schneller wieder daheim sind! Heut gibt's Pommes, kalt schmecken sie nach Arsch und Friedrich«, behauptet Frank.

Wenn wir zu einer Feuermeldung fahren, rüsten wir uns komplett aus, mit Pressluftatmer und umgehängter Maske. Als Gruppenführerin nehme ich außer meiner kompletten Ausrüstung zusätzlich noch Funkgerät, Schlüssel, Guideline und eine Wärmebildkamera mit.

Eine Feuermeldung läuft immer nach demselben Schema ab. Auf der Wache nehmen wir den Einsatzplan mit, der für jedes mit einer Brandmeldelage ausgestattete Objekt, das in unserem Einsatzbereich liegt, hinterlegt ist. Hier sind Löschwassereinspeisungen, Fluchtwege, Besonderheiten und Gefährdungen wie zum Beispiel radioaktive Stoffe oder chemische Gefahren aufgeführt. Der Einsatzplan wird dem Einsatzleiter zusammen mit der Straßenkarte ausgehändigt. Angekommen am Einsatzort, finden der Führungsdienst und die Gruppenführer in der Brandmeldezentrale am Feuerwehranzeigetableau die Nummer des Feuermelders heraus. Auf der Feuerwehrlaufkarte wird eruiert, wo sich dieser Melder befindet. Das kann man sich so ähnlich wie eine Schnitzeljagd vorstellen, denn manche Gebäude sind riesig. Wenn man Glück hat, muss man vielleicht nur drei Türen weitergehen – wenn man Pech hat, viele Stockwerke zurücklegen. Selbstverständlich meiden wir Aufzüge, außer es gibt einen Feuerwehraufzug. Das ist ein speziell ummantelter eigener Fahrschacht mit einer Feuerwiderstandsdauer von 90 Minuten. In diesem Aufzug ohne Lichtschranken gibt es eine Gegensprechanlage, wir können sie mit einem Schlüsselschalter bedienen. Die Feuerwehr hat auf jedem Fahrzeug einen F-Schlüssel. Mit ihm können wir alle für uns wichtigen Türen und Feuerwehrzufahrten öffnen. Am Objekt selbst gibt es ein Feuerwehrschlüsseldepot, wo weitere Schlüssel für uns hinterlegt sind. Auf diese Schlüssel können wir jedoch nur zugreifen, wenn die Brandmeldeanlage ausgelöst hat.

Wir orientieren uns immer nach der Laufkarte, auch wenn ein Angestellter uns den Weg zeigen will. Zu oft täuschen sich aufgeregte Menschen. Es gibt verschiedene Meldergruppen, genannt Schleifen. An einer Scheife können viele Melder hängen. Wenn man die Gruppe gefunden hat, sucht man den Melder, der ausgelöst hat. Erst dann kann man den Feueralarm einschätzen, ob tatsächlich Gefahr besteht, ob er aus unbekannter Ursache ausgelöst hat oder wegen Bauarbeiten, ob es sich um einen Fehlalarm, Rauchentwicklung oder Feuer handelt. Und dann erst kann man die ersten Maßnahmen treffen.

Der Marienplatz ist, wie viele U-Bahnhöfe, ein riesiges unterirdisches Bauwerk mit vier Etagen unter der Erde, am Stachus sind es sogar fünf. Es gibt zahlreiche Abgänge, weitläufige Zugangsmöglichkeiten, und es sind immer viele Menschen unterwegs. Die erste Etage unterhalb der Oberfläche wird Sperrengeschoss genannt. Hier gibt es internationale Küche, Fahrkartenautomaten, Schmuck und Souvenirs. Viele Menschen laufen kreuz und quer und haben es meistens eilig. In den zwei Stockwerken darunter befindet sich die S-Bahn und auf der vierten Etage die U-Bahn. Der U- und S-Bahnhof am Marienplatz ist kein abgeschlossener Bereich. Durch die Röhren sind die S- und U-Bahnen mit den Stationen Hauptbahnhof, Isartor, Sendlinger Tor und Odeonsplatz verbunden. Das heißt, dass sich Rauch durch den Kamineffekt in der Tunnelröhre sehr gut ausbreiten kann. Es ist außerdem möglich, dass es an einem Bahnhof verraucht riecht, obwohl die Ursache der Rauchentwicklung an einem anderen Bahnhof liegt. Oder wir verfolgen einen defekten U-Bahn-Zug durch das Stadtgebiet, weil viele Menschen an unterschiedlichen Bahnhöfen die Feuerwehr alarmieren. Und dann findet man schließlich irgendwo einen Mülleimer, in den jemand eine noch glühende Zigarettenkippe geworfen hat, womöglich mit einem guten Gewissen, weil das unterirdische Rauchen doch eigentlich verboten ist – aber wenigstens hat man den Stein des Anstoßes anständig entsorgt. Dass es dadurch erst richtig gefährlich wird, gerade wenn die Zigarette noch nicht zu Ende geraucht ist, machen sich die wenigsten klar – im Müllereimer findet der Funken aus der Kippe genügend Nahrung, um sich weiter zu entzünden und damit gefährlich zu werden.

Ob wohl der Feueralarm am Marienplatz auf die gleiche Ursache zurückzuführen ist? Im ersten Untergeschoss riecht es nach Rauch. Aber woher kommt er? S- und U-Bahn-Wache unterstützen uns und sperren ab. Wer nun glaubt, dass eine solche Maßnahme zum Schutz der Allgemeinheit auf das Verständnis der Fahrgäste stößt, hat sich allerdings getäuscht.

»Müssen Sie hier unbedingt eine Übung abhalten?!«

»Ich hab's eilig!«

»Ich hab eine Monatskarte! Die war teuer genug!«

»Nichts funktioniert hier!«

»Ich werde mich beschweren!«

»Wie lange dauert das noch, bitteschön?«

»Wann geht es endlich weiter?«

Ja, das wüssten wir auch zu gern. Aber um den Verursacher des Rauchgeruchs zu finden, müssen wir die Meldergruppe untersuchen, die ausgelöst hat. Und wenn mehrere Meldergruppen Alarm gegeben haben, dauert das eben eine Weile. In der ersten Zeit nach dem 11. September bestand beim Auftauchen der Feuerwehr oft die Gefahr einer Panik. Deshalb müssen wir jederzeit den Eindruck vermitteln, alles im Griff zu haben, sowie Ruhe und Sicherheit ausstrahlen. Und immer freundlich bleiben.

»Wir tun, was wir können, bitte gedulden Sie sich noch einen Moment.«

Der Übeltäter stellt sich letztlich als durchgebrannter Motor in einem Aufzug heraus. Aber es dauert eine Weile, bis wir ihn gefunden haben, weil es in Bereichen weit weg vom Aufzug deutlich stärker nach Rauch riecht.

Die U-Bahn brennt!

Im Feuerwehrmuseum auf der Hauptwache kann man eine ausgebrannte U-Bahn besichtigen. Es war im September 1983, als ein U-Bahn-Fahrer Rauch im Führerstand feststellte. Er reagierte richtig und hielt nicht im Tunnel an, sondern erst am nächsten Bahnhof. Es ist gefährlich, im Tunnel auszusteigen, denn die U-Bahn bekommt ihren Strom von unten, nicht von oben wie die S-Bahn – wenn auch gesichert mit einer Kunststoffschutzabdeckung. Außerdem ist zwischen Gleisbett und Bahnsteig eine gewisse Höhe zu überwinden. Zwar gibt es Notausstiege im Tunnel, doch die muss man erst einmal erreichen. Aus diesen Gründen versuchte der U-Bahn-Fahrer, den nächsten U-Bahnhof anzusteuern, in diesem Fall den Königsplatz. Dort ließ er alle Fahrgäste aussteigen und fuhr die Bahn in eine Abstellanlage. Längst war die Feuerwehr alarmiert. Bis die Kollegen eintrafen, drang bereits dicker schwarzer Rauch aus den Abgängen. Joseph erzählte mir von diesem Einsatz, den sie damals noch ohne Funkgeräte und ohne Wärmebildkameras zu meistern hatten. Es war so heiß, dass sie bereits im Sperrengeschoss den Rückzug antreten mussten. Durch den Kamineffekt kam es zu einer Verrauchung an den Bahnhöfen Theresienstraße und Hauptbahnhof. Die Hitze ließ Metall schmelzen, wie man an dem U-Bahn-Waggon deutlich erkennen kann. Kunststoffteile sind einfach abgetropft, Beton platzte von Decken und Wänden. Dank des besonnenen Vorgehens des U-Bahnfahrers kam jedoch niemand ernstlich zu Schaden.

Während meiner Ausbildung habe ich einige Videos gesehen von einem U-Bahn-Brand in London, dort gibt es stellenweise noch Rolltreppen aus Holz. Es quoll bereits dichter Rauch aus den Schächten, da strömten immer noch Fahrgäste nach unten. Was war das denn? Herdentrieb? Auch die Rauchentwicklung in einem Tunnel stört viele Autofahrer nicht, sie fahren trotzdem hinein, immer schön dem Vordermann nach.

Vielleicht fehlen uns für manche Gefahrenquellen schlichtweg die Sinnesorgane. Also müssen wir unseren Verstand einschalten! Der Merksatz ist einfach: Meiden Sie Rauch! Wenn die Feuerwehr sagt, dass Sie sich fernhalten sollen, tun Sie es! Es geht um Ihre Sicherheit. Schauen Sie beim U-Bahn-Fahren mal aus dem Fenster. Irgendwo im Tunnel erkennen Sie blaue Neonröhren. Das sind die Notausstiege.

Sollte am Bahnsteig jemand aufs Gleis stürzen, springen Sie ihm nicht nach, um ihn nach oben zu ziehen. Auf jedem Bahnsteig können Sie einen Nothalt betätigen. Sobald er ausgelöst ist, wird automatisch das Einfahrtsignal auf Rot gestellt. Der nächste Zug fährt also nicht ein, es wird ein Alarm gegeben. Auch Notrufsäulen befinden sich an jedem Bahnsteig. Finden Sie heraus, wo, damit Sie sie in einem Notfall nicht suchen müssen. Und: Halten Sie die Augen offen! Für sich selbst und für Ihre Mitmenschen. Früh erkannte Gefahren sind schnell gebannt.

Der Mann am Fenster

Licht – Gong: Landsbergerstraße, Feuerwache 1 der Zug, Zimmerbrand

Ich setze mich auf den Beifahrersitz im HLF und drücke den Status 3 auf dem Funkgerät. Das bedeutet: Wir sind auf dem Weg zum Einsatz. An der Einsatzstelle angekommen, drücke ich die 4. Tobi, und ich sehen die Gestalt gleichzeitig.

»Da hängt einer am Fenster!«

»Oha, da pressiert's«, tönt es von hinten.

Der Mann steht auf einem schmalen Mauersims und hält sich an einem gekippten Fenster fest. Im Stockwerk darüber dringt Rauch aus einem offenen Fenster. Beleuchtet wird die Szene von einem hellen Scheinwerfer, der den Parkplatz einer Getränkefirma erhellt.

»Ist der da rausgesprungen?«, staunt Tobi.

Wir werden es gleich erfahren. Hoffentlich! Hoffentlich hält der Mann aus. Es sind schließlich acht, neun Meter und unten Beton.

Das ist ein klarer Fall für die Drehleiter. Der Drehleitermaschinist schaltet von Fahrbetrieb auf Nebenantrieb und fährt die Abstützungen aus. Währenddessen macht sich der Einsatzleiter der Drehleiter bereit, mit dem Korb nach oben zu fahren und den Mann am Fenster zu retten. Eine aufgeregte Hausbewohnerin erzählt, dass der Mann sich aus dem geöffneten Fenster gehangelt hat. »Aber das ist doch gefährlich! Der hätte doch warten sollen! Sie sind doch schon da! Wenn er jetzt runterfällt!«

Der Zugführer erkundet, von wo aus der Löschangriff gestartet werden kann, die Besatzung des ersten HLF läuft ins Haus in den dritten Stock und setzt den Rauchschutzvorhang ein: einen Vorhang, den wir in die Tür klemmen, bevor wir die Tür öffnen, damit der Rauch nicht ins Treppenhaus zieht. Schnell ist die Tür zur Wohnung offen, mit der Wärmebildkamera kann ich die Brandstelle rasch lokalisieren. Was wir vorfinden, ist eigentlich mehr Rauch als Feuer, außerdem übrig gebliebene Weihnachtsdeko auf einem Couchtisch. Der Fernseher läuft. Am Fenster stehend beobachtete ich, wie der Mann vom Kollegen auf der Drehleiter gerettet wird. Er zittert am ganzen Körper. Auf der Erde angekommen, kümmern sich die Kollegen vom RTW um ihn.

»Zum Glück unverletzt«, sagt Tobi.

»Aber warum um alles in der Welt ist er aus dem Fenster geklettert?«, fragt Frank.

»Er spricht nicht so gut Deutsch, aber wie wir ihn verstanden haben, hat er Panik bekommen, dass die Wohnung abbrennt. Wo er herkommt, gibt es eben keine Hilfe wie bei uns. Irgend so was«, vermute ich.

Da rennt eine Frau im Bademantel aus dem Haus. »Feuerwehr! Feuerwehr! Mein Rauchmelder ist an und geht nicht mehr aus! Es riecht auch nach Rauch. Aber da ist nichts!«

»Wir schauen uns das gleich an«, sage ich. »Haben Sie einen Wohnungsschlüssel für mich?«

»Ich geh mit.«

»Nein, Sie bleiben besser hier.«

Mit zitternden Händen reicht mir die Frau ein Schlüsseletui: »Dritter Stock links neben der Treppe. Sonst ist, glaube ich, niemand daheim.«

Wir brauchen nur dem Lärm zu folgen. In der Wohnung schalten wir den Rauchmelder aus, kontrollieren sie und dazu auch noch die vier Nachbarswohnungen. Nirgendwo sonst sind Rauchmelder installiert. Hoffentlich rüsten sich bald mehr Menschen damit aus.

Rauchmelder retten Leben

Jährlich sterben in Deutschland etwa 500 Menschen bei Bränden. Ungefähr 5000 Menschen werden durch einen Brand schwer verletzt, oft mit erheblichen Spätfolgen. Nach den Erkenntnissen aus anderen Ländern mit sehr hoher Verbreitung von Rauchwarnmeldern kann man davon ausgehen, dass sich diese Zahlen bei einer Verbreitung von 80 Prozent mehr als halbieren würden. Auch in München beklagen wir jedes Jahr einige Tote, die im Schlaf von einem Brand überrascht werden, durch die Rauchgase in Ohnmacht fallen und nur noch tot geborgen werden können. Ein Rauchmelder hätte sie geweckt – und gerettet. Auch der Sachschaden durch Feuer und Rauch könnte deutlich reduziert werden.

Rauchmelder sind nicht teuer und einfach zu befestigen. Das einzige Problem, das auftreten kann, ist der Batteriewechsel. Denn wenn die Batterie schwach wird, piept es. Manche Leute brauchen Tage, ehe sie das Geräusch zuordnen können.

»Die Luft ist rein«, melde ich der Mieterin und gebe ihr den Wohnungsschlüssel zurück.

»Ist der Rauchmelder jetzt kaputt?«

»Nein, wir haben ihn ausgeschaltet. Gut, dass Sie ihn haben!«

»Den hat mir mein Sohn montiert«, erzählt die Frau stolz.

»Das hat er gut gemacht«, finde ich.

Eine halbe Stunde später sind wir fertig. Ich steige ins HLF und drücke am Funkgerät die 1 für *einsatzbereit und erreichbar über Funk,* und als wir kurz vor Mitternacht die Wache erreichen, drücke ich die 2 für *einsatzklar auf der Wache* – einem Zustand der Entspannung bei wacher Aufmerksamkeit. Hoffentlich bleibt der letzte Alarm wirklich der letzte an diesem Wachtag, wünsche ich mir wie so oft, wenn nachmitternächtliche Müdigkeit in meine Knochen kriecht.

Ich gehe hinauf in den ersten Stock, wohin der Damen-Ruheraum mittlerweile umgezogen ist, auf einer Etage mit den Herren. Ich ziehe meine Schuhe aus und stelle sie vor das Bett, streife die Weste ab und hänge sie über die Stuhllehne. Schließlich ziehe ich die Hose aus und breite sie griffbereit über die Lehne, damit ich im Falle eines Alarms bereits im Aufwachen hineinschlüpfen kann.

Dann lege ich mich ins Bett, lösche das Licht und hoffe auf eine ruhige Nacht. Eine alte Feuerwehrweisheit lautet: Was die Nacht bringt, weiß man immer erst am nächsten Morgen.

Gong!